AF313175

# MÉLONOME

OU

## ENSEIGNEMENT PRATIQUE ET THÉORIQUE

DU

## CHANT POPULAIRE

### A L'USAGE DES ÉCOLES ET DES FAMILLES.

> La Musique donne à l'âme une véritable culture intérieure, et fait partie de l'éducation du peuple. Elle a pour effet de développer les deux organes de l'ouïe et de la parole, d'adoucir les mœurs, de civiliser les classes inférieures, d'alléger pour elles les fatigues de leurs travaux et de leur ménager un plaisir innocent, à la place d'amusements souvent grossiers et ruineux.
>
> GUIZOT.

> La Musique est de tous les beaux-arts celui qui enivre l'âme avec le plus de charme pour la transporter dans un monde idéal.
>
> JOSEPH DROZ.

## PARIS

### LIBRAIRIE DE BORRANI ET DROZ,

#### ÉDITEURS DU MÉLODÉON

RUE DES SAINTS-PÈRES, 9.

# AVERTISSEMENT.

Voici une *Méthode de Chant populaire* toute nouvelle,
bien que fondée sur un principe d'observation fort an-
cien. — On ne comprend *les mots* que lorsqu'on connaît
*les choses* qu'ils expriment.—C'est donc vainement qu'on
nous dirait les termes, les conventions, les règles de
l'art musical, si l'art lui-même ne nous était déjà familier. Telle est pourtant la marche que l'on suit trop
communément dans l'enseignement de la musique : la
*théorie* avant la *pratique*. Nous allons faire au rebours :
la *pratique* avant la *théorie*. C'est l'ordre naturel : Première Partie, EXERCICES ; Seconde Partie, MÉTHODE.

Les *Exercices* sont nombreux et choisis d'après cette
maxime : « Les airs simples sont les seuls durables, les
« seuls qui s'adressent à l'âme et que tous les hommes
« comprennent. » J. DROZ. — La *Méthode* n'est qu'une
étude graduée des exercices considérés sous les divers
rapports de l'intonation et de la mesure, et la coordi-
nation des principes qui en découlent.

La connaissance pratique de quelques airs donne à
l'élève le moyen de recueillir des notions exactes sur
la mesure, même avant qu'il soit question de musique
écrite ; c'est le sujet de notre 1re *division* : LA MESURE.

Toutefois on sent bientôt le besoin de fixer ses idées
par l'emploi de signes visibles. Nous proposons alors la
notation en chiffres, au moins comme provisoire.—2e *division :* L'ÉCRITURE MUSICALE EN CHIFFRES. Ne discutons point
ici sur le mérite de cette notation. Il nous suffit que l'on
convienne qu'elle est surtout applicable au chant populaire et qu'elle ajourne les grandes difficultés, celles qui
résultent de la multiplicité des gammes et de l'armure des
clefs. Nous dirons en outre, avec l'inventeur de la notation en chiffres : « Sa facilité est telle que, quand on
» voudrait s'en tenir à la musique ordinaire, il faudrait

« toujours commencer par les chiffres pour y parvenir
« sûrement et en peu de temps. » J.-J. Rousseau (1).

Ce moyen d'écrire la musique étant acquis, nous le
faisons servir immédiatement à l'étude méthodique de
l'intonation.—3e *division* : DE L'INTONATION. On peut aller
aussi loin qu'on voudra dans cette branche de l'étude,
sans recourir encore à la notation usuelle.

Il dépend donc du maître et de l'élève de choisir le
moment où celui-ci devra être initié à l'écriture sur la
portée.—4e *division* : L'ÉCRITURE MUSICALE SUR LA PORTÉE.
C'est là que se déroule la complication des gammes de
tons différents, où nous avons introduit avec soin toute
la clarté et tous les allégements que le sujet comporte.

La notation en chiffres et la notation sur la portée
étant désormais indifféremment à notre usage, nous
reprenons l'étude de l'intonation pour la développer
progressivement jusqu'à son terme.— 5e *division* : SUITE
DE L'ÉTUDE DE L'INTONATION. La méthode n'est plus alors
que la gradation des exercices pratiques.

Reste pourtant une partie du domaine musical non
explorée jusque-là par le *Mélonome* ; ce sont les tons mineurs. Ils étaient réservés pour la fin.— 6e *division* : DES
TONS MINEURS. C'est le complément de la tâche du *Mélonome*. Se restreignant au plus essentiel, il n'aborde pas
même la théorie du *chant à plusieurs voix*, ou l'harmonie, bien qu'il en admette la pratique dans plusieurs de
ses exercices.

(1) Nous lisons avec plaisir, dans un rapport intéressant de
M. TH. LEBRUN, l'un des inspecteurs de l'instruction primaire du
département de la Seine, sur l'essai d'enseignement du chant dans
toutes les écoles communales de l'arrondissement de Sceaux :
« Quelques communes préférèrent la méthode *Chevé* (notation en
« chiffres); on les laissa faire et le résultat a prouvé que l'incon-
« vénient n'est pas aussi considérable qu'on le suppose, puisque
« les élèves formés par deux méthodes différentes ont pu se réunir
« au moment de l'exécution, et que cette exécution n'a aucune-
« ment souffert de ce mélange. » Voyez l'*Éducation, Journal
d'enseignement élémentaire*, livraison de juin 1852. p. 246.

Tel est le plan que la réflexion et l'étude pratique nous ont fait adopter comme le plus simple et le plus efficace. Nous ne promettons pas qu'il fasse l'impossible. Le *Mélonome* ne prétend pas former l'élève sans maître; car, en musique, il est indispensable à celui qui ignore de recevoir au moins quelques leçons de la bouche de celui qui sait. Comment son oreille apprendrait-elle d'un livre le chant de la gamme ou celui de nos premiers airs? Mais à l'aide de ce simple fonds, l'on pourrait aisément, de soi-même, acquérir tout le reste dans le *Mélonome*. Si donc on veut enfin, éclairé par l'expérience et par l'exemple de l'Allemagne, populariser la musique en employant à l'enseigner, non des artistes, qui ne se trouvent point partout, mais les simples instituteurs de nos écoles (¹), ou toute personne qui possède déjà quelques notions de l'art, notre méthode secondera puissamment ce dessein par son caractère tout pratique et par l'attrait qu'elle donne à l'étude.

Les exercices offrent plus de matière qu'il n'en faut. L'on sera libre d'ailleurs d'y ajouter ou d'y substituer pour équivalents les chants du *Mélodéon* indiqués comme tels (²). Il y a plus : quiconque aura saisi notre principe d'analyse mélodique des airs (art. 87) et aura remarqué le parti que nous en tirons pour classer nos exercices dans les diverses sections de la méthode, soit pour l'intonation, soit pour la mesure, soit pour les tons et les modes, aura le moyen d'utiliser, en la faisant rentrer dans notre cadre, toute composition musicale qu'il voudra mettre entre les mains des élèves. Nous conseillons à ceux qui emploieront le *Mél-nome* d'accroître ainsi le répertoire d'exercices. Ce sera encore le *Mélonome*, même dans cette partie nouvelle, car c'est dans la méthode principalement qu'il consiste, et la méthode ne

(1) Voyez l'article de M. TH. LEBRUN que nous venons de citer. C'est la condition qu'il proclame comme indispensable pour parvenir à introduire dans les masses les connaissances musicales.

(2) MÉLODÉON. *Recueil de chants populaires anciens et nouveaux*, à une ou plusieurs voix, pour les écoles et les familles. 1 vol. in-12, prix : 1 fr. 50 c., ou 40 c. le cahier de 24 pages

peut que gagner à varier ses exercices et à multiplier ses applications (¹).

Aux airs du *Mélonome* nous avons associé des paroles, surtout dans les commencements. Cela aide à retenir les mélodies et en rend, dès l'abord, le maniement plus facile pour l'observation et pour l'analyse. Cela ajoute aussi, selon notre désir, à l'agrément et à l'utilité morale de notre répertoire. Bien d'accord dans cette tendance avec la *Revue de l'Education nouvelle*, nous devons de sincères remerciements à l'excellent directeur de cette aimable publication, pour les emprunts qu'il nous a permis de lui faire (²).

L'exécution typographique de l'ouvrage n'était pas sans difficulté. Elle témoignera de l'inépuisable obligeance de MM. Tantenstein et Cordel, non moins que des ressources et des ingénieux procédés de leur art.

Que les instituteurs de la jeunesse veuillent bien accueillir le *Mélonome* avec confiance, et qu'ils puissent bientôt, en nous honorant de leurs conseils, nous dire que nous avons ouvert à leurs élèves une voie plus facile et plus attrayante pour la culture de l'art musical; c'est la seule ambition permise pour cette œuvre modeste; c'est aussi la seule récompense que nous désirons obtenir.

Les Editeurs,

BORRANI ET DROZ.

(1) On a une source intarissable de *chants populaires* dans la CLEF DU CAVEAU, et, si l'on veut de la musique en chiffres, dans le MANUEL PRATIQUE ET PROGRESSIF DE MUSIQUE VOCALE, par AIMÉ-PARIS, 1848, grand in-8° de 600 pages.

(2) *Journal des Mères et des Enfants, Revue de l'Education nouvelle*, publié à Paris, rue des Saints-Pères, n° 9, sous la direction de M. Jules DELBRUCK, 12 livraisons par an, prix: 12 fr. à Paris; 14 fr. dans les départements. Nous avons puisé dans ce recueil les paroles des exercices nᵒˢ 1, 7, 8, 10, 43, 44, 48, 107.

# TABLE

## DES EXERCICES.

(Les numéros précédés d'un * sont ceux des airs notés en chiffres.)

| Nᵒˢ. | PAROLES. | TIMBRE VULGAIRE. | CLEF DU CAVEAU. |
|---|---|---|---|
| 1 | Ah! te dirai-je, maman. | . . . . . . . . . . . . . . . . . | 25 |
| 2 | Astre étincelant. | J'ai du bon tabac . . . . . . . | 1230 |
| 3 | Un beau jour s'achève. | Au clair de la lune . . . . . . | 1820 |
| 4 | J'ai de l'argent. | Le premier pas . . . . . . . | 354 |
| 5 | Existe-t-il sur la terre. | Air du cousin Jacques . . . . | 189 |
| 6 | Art divin, noble poésie. | Air de la pipe de tabac . . . . | 108 |
| 7 | Du cor, au fond des bois. | Le bon roi Dagobert . . . . . | 209 |
| 8 | Gais moissonneurs. | Tonton, tontaine, tonton . . . | 1112 |
| 9 | Zéphyr, d'un soupir. | . . . . . . . . . . . . . . . . | 664 |
| 10 | Non, plus de guerre impie. | Malbrough . . . . . . . . . . | 662 |
| 11 | Bergers, avec vos chiens fidèles | . . . . . . . . . . . . . . . | 1862 |
| 12 | La nuit, sous la voûte étoilée | Elle aime à rire . . . . . . . . | 1073 |
| 13 | Vois-tu là-bas, sur la colline. | Vous qui, de l'amoureuse i-vresse. . . . . . . . . . . . | 1402 |
| 14 | Vous trouvez-vous dans la dé-tresse. | Réveillez-vous, belle dormeuse | 512 |
| 15 | Sur les mortels, chose trop or-dinaire. | Valse hongroise . . . . . . . . | 1076 |
| 16 | Vous connaissez Mondor. | Tarare Pompon . . . . . . . . | 663 |
| 17 | Quand sur mon front rayon-naient dix printemps. | Depuis longtemps je me suis aperçu . . . . . . . . . . . | 144 |
| 18 | Ah! lorsque la mort trop cruelle | . . . . . . . . . . . . . . . . | 1669 |
| 19 | Voyez, j'ai bien deux pieds, deux mains. | Air du pas redoublé. . . . . . | 756 |
| *20 | On est, avec beaucoup d'or. | Les homonymes synonymes . | » |
| *21 | J'ai vu, pauvre Colombelle. | Croyez-moi, le sacrifice . . . | » |
| 22 | Dans vos douleurs. | Dans un détour . . . . . . . . | 922 |
| 23 | Ni les combats, ni les victoires. | La Parisienne. . . . . . . . . | 2082 |
| 24 | Hommes puissants, rois de la terre. | Air d'Aristippe . . . . . . . . | 1870 |
| *25 | Venez, chants harmonieux. | Le cantique. . . . . . . . . . | » |
| *26 | Voix douce et chérie. | Que le jour me dure . . . . . | 488 |
| *27 | . . . . . . . . . . . . . . . . | Deux jeunes gens s'aimaient d'amour. . . . . . . . . . . | 484 |
| 28 | O songes riants, ô jeunesse! | Au fond d'une sombre vallée. | 1850 |
| *29 | Que je voudrais, ô France, ô ma patrie! | Noble écuyer, soutien du dia-dème . . . . . . . . . . . . | 1520 |
| 30 | . . . . . . . . . . . . . . . . | Air de la Pretontaine . . . . . | » |
| 31 | . . . . . . . . . . . . . . . . | Ma Zétulbé . . . . . . . . . | 1432 |
| *32 | . . . . . . . . . . . . . . . . | Croyez-moi, si quelqu'un vous dit. . . . . . . . . . . . | » |
| *33 | Honneur à la musique | Allez donc, postillon . . . . . | 1834 |

| N^os. | PAROLES. | TIMBRE VULGAIRE. | CLEF DU CAVEAU. |
|---|---|---|---|
| *34 | Heureux enfant, que je t'envie | Echo, rends-moi, je t'en conjure . . . . . . . . . . . . | » |
| *35 | Voyez comment, nuit et jour. | Vous voyez en moi, mon cœur. | » |
| *36 | Salut, séjour de mon vieux père. | Adieu, paniers, vendanges sont faites . . . . . . . . . . . | 370 |
| *37 | . . . . . . . . . . . . . . . | Vaudeville de l'*Opéra de province* . . . . . . . . . . . . | » |
| *38 | Salut, brillante aurore. | En brave militaire. . . . . . . | » |
| 39 | . . . . . . . . . . . . . . . | Votre zèle me flatte . . . . . | 631 |
| 40 | . . . . . . . . . . . . . . . | Chantons tous à perdre haleine . . . . . . . . . . . | 1102 |
| 41 | Gais enfants de la montagne. | . . . . . . . . . . . . . . . | 1605 |
| 42 | . . . . . . . . . . . . . . . | Arrivez donc, monsieur, le temps s'écoule. . . . . . . | 40 |
| 43 | Que nous t'aimons, belle terre | Boira qui voudra, larirette . . | 1473 |
| 44 | Travaillons gaîment. | On dit qu'à quinze ans . . . . | 422 |
| 45 | Quand le triste hiver ramène. | Amis, il est temps qu'on publie | 34 |
| 46 | . . . . . . . . . . . . . . . | Ecoute, écoute, écoute, écoute. | 1913 |
| 47 | Fille des cieux, séduisante espérance. | Charmant ruisseau, le gazon de tes rives. . . . . . . . . . | 1953 |
| 48 | Accourez tous, tambours, clairons. | Air du roi d'Yvetot . . . . . . | 484 |
| 49 | Adieu, frimas et froidure. | Air des Trembleurs . . . . . . | 731 |
| *50 | . . . . . . . . . . . . . . . | Tuons le coq (canon) . . . . . | » |
| *51 | Séjour de l'opulence. | . . . . . . . . . . . . . . . | » |
| *52 | La Nouveauté parut un jour. | De tous les dîners le meilleur. | 48 |
| *53 | Lauriers teints du sang que Bellone. | J'ai du Jura gravi le faîte . . . | 1137 |
| *54 | . . . . . . . . . . . . . . . | De Vienne je dois à Berlin. | » |
| 55 | Fourneaux, pétillez bien vite. | Frère Pierre, à la cuisine. . . | 198 |
| 56 | Heureux qui, nés dans l'aisance. | . . . . . . . . . . . . . . . | 366 |
| 57 | . . . . . . . . . . . . . . . | J'ons un curé patriote . . . . | 294 |
| 58 | Près du berceau qui contient ma richesse. | Muse des jeux et des accords champêtres . . . . . . . . . | 394 |
| 59 | . . . . . . . . . . . . . . . | Air de la Sabotière . . . . . . | 886 |
| 60 | Prie et travaille. | Te bien aimer, ô ma chère Zélie ! . . . . . . . . . . . . | 554 |
| 61 | Adieu, soucis, adieu, fortune. | C'est à mon maître en l'art de plaire. . . . . . . . . . . | 493 |
| 62 | . . . . . . . . . . . . . . . | Redis-le moi, tu ne peux t'en défendre . . . . . . . . . | 1256 |
| *63 | . . . . . . . . . . . . . . . | Dès le matin, sur mon cheval | » |
| 64 | . . . . . . . . . . . . . . . | De mon berger volage . . . . | 134 |
| 65 | . . . . . . . . . . . . . . . | Ah ! voilà la vie . . . . . . . . | 21 |
| *66 | . . . . . . . . . . . . . . . | Gardez pour vous les compliments. . . . . . . . . . . | » |

| Nᵒˢ. | PAROLES. | TIMBRE VULGAIRE. | CLEF DU CAVEAU. |
|---|---|---|---|
| 67 | . . . . . . . . . . . . . | C'est lorsque nous avons mis le cerf aux abois . . . . . . | 84 |
| 68 | . . . . . . . . . . . . . | Vaudeville de la *Vieillesse de Fontenelle* . . . . . . . . | 1182 |
| 69 | Du matin au soir. | La Sauteuse. . . . . . . . . | 777 |
| *70 | . . . . . . . . . . . . . | Dansons au son du tambourin. | » |
| 71 | Sur tout et partout on médit. | . . . . . . . . . . . . . | 846 |
| 72 | Tòt, tòt, tòt, battez chaud. | . . . . . . . . . . . . . | 873 |
| *73 | . . . . . . . . . . . . . | Quand ma belle marraine. . . | » |
| *74 | Allons, enfants de l'industrie | Hymne des Marseillais . . . . | 31 |
| 75 | Va, jeune enfant, cueillir les fleurs nouvelles. | Portrait charmant. . . . . . | 1253 |
| 76 | . . . . . . . . . . . . . | Les filles de notre village . . . | 1075 |
| *77 | Fuis pour jamais, fuis le palais d'Octave. | Valse des *Comédiens* . . . . . | 1916 |
| 78 | Pauvre dame Marguerite. | . . . . . . . . . . . . . | 2016 |
| 79 | . . . . . . . . . . . . . | Lorsque tu t'éloignes de moi . | 989 |
| 80 | . . . . . . . . . . . . . | Ah ! combien il m'intéresse . . | 473 |
| 81 | Dans le cristal d'une eau claire. | Romance de Daphné . . . . . | 700 |
| 82 | L'or corrupteur a desséché les âmes. | Honneur aux enfants de la France ! . . . . . . . . . | 1425 |
| 83 | . . . . . . . . . . . . . | Ah ! Ninon, quelle âme ! . . . | 1138 |
| *84 | . . . . . . . . . . . . . | Quelle effroyable journée ! . . | » |
| 85 | Chers enfants, dansez, dansez | C'est l'amour, l'amour . . . . | 1824 |
| *86 | . . . . . . . . . . . . . | Allez, courez, nobles guerriers | » |
| *87 | . . . . . . . . . . . . . | Je n'aimais pas le tabac beaucoup . . . . . . . . . . . | 267 |
| *88 | . . . . . . . . . . . . . | Pour le bonheur de la ville . . | » |
| 89 | Les cloches du monastère. | . . . . . . . . . . . . . | 1117 |
| 90 | . . . . . . . . . . . . . | Pantin, Pantin que j'aime . . | 1842 |
| 91 | Jamais l'orgueil ne fut permis | Jeunes amants, cueillez des fleurs . . . . . . . . . . . | 287 |
| 92 | . . . . . . . . . . . . . | Vive une femme de tête . . . . | 1059 |
| 93 | . . . . . . . . . . . . . | On va lui percer le flanc . . . | 501 |
| 94 | Dans une chaumière modeste. | Ah ! que de chagrin dans la vie | 20 |
| 95 | . . . . . . . . . . . . . | Gai Démocrite, qui vécus. . . | 2006 |
| 96 | Maison qu'un jour on revendra | Vaudeville de la *Vallée de Barcelonnette* . . . . . . . | 838 |
| *97 | . . . . . . . . . . . . . | Comtesse, duchesse . . . . . | » |
| 98 | Si chétif soit mon domicile. | Ah ! que je sens d'impatience. | 19 |
| 99 | . . . . . . . . . . . . . | Air des *Folies d'Espagne*. . . | 722 |
| *100 | . . . . . . . . . . . . . | Le gondolier (canon à 3 voix). | » |
| *101 | . . . . . . . . . . . . . | Le départ pour le ciel . . . . . | 178 |
| 102 | Pourquoi me fuir, passagère hirondelle. | . . . . . . . . . . . . . | 1816 |
| 103 | . . . . . . . . . . . . . | Toute fille honnête . . . . . . | 935 |
| *104 | C'ti-là qui fait des volumes. | Lubin a la préférence . . . . . | 684 |

| Nᵒˢ. | PAROLES. | TIMBRE VULGAIRE. | CLEF DU CAVEAU. |
|---|---|---|---|
| 105 | Ah ! ah ! ah ! Comment faire, hélas ! | . . . . . . . . . . . . . . . | 1126 |
| 106 | Rassurez-vous , ma mie. | Mineur du nᵒ 119 . . . . . . | » |
| 107 | Vive Henri IV. | . . . . . . . . . . . . . . . | 622 |
| *108 | . . . . . . . . . . . . . . . | Le petit Savoyard. . . . . . . | » |
| *109 | . . . . . . . . . . . . . . . | Contentons-nous d'une simple bouteille . . . . . . . . . | 105 |
| 110 | De ses pieds faisant merveille. | . . . . . . . . . . . . . . . | 1781 |
| 111 | La double et rude écorce. | Ah ! si vous aviez vu monsieur de Catinat . . . . . . . . | 22 |
| 112 | Je suis le petit Pierre. | . . . . . . . . . . . . . | 116 |
| 113 | Un canard déployant ses ailes. | . . . . . . . . . . . . . | 1121 |
| 114 | Le bon vieillard de Gaillardbois | . . . . . . . . . . . . . | 579 |
| 115 | Je suis modeste et soumise. | . . . . . . . . . . . . . | 278 |
| 116 | Sur la vertu combien d'écrits ! | Chantez, dansez, amusez-vous. | 836 |
| *117 | . . . . . . . . . . . . . . . | De mon pays le doux souvenir | » |
| 118 | et *118 bis. . . . . . . . . . | Vaudeville des Amours d'été. | 840 |
| 119 | . . . . . . . . . . . . . . . | Vaudeville de Madame Scarron . . . . . . . . . . . . . | 806 |
| *120 | . . . . . . . . . . . . . . . | Si Pauline est dans l'indigence. | 229 |
| 121 | J'ai réformé mon barbier. | Une fille est un oiseau. . . . . | 606 |
| 122 | . . . . . . . . . . . . . . . | Lisis avait de la jeunesse . . . | 364 |
| 123 | Je n'ai plus d'appui sur la terre | Air du pot de fleurs . . . . . . | 765 |
| *124 | . . . . . . . . . . . . . . . | Barcarolle d'Angelo. . . . . . . | » |
| 125 | Chacun me dit à la ronde. | En revenant du village . . . . | 1218 |
| *126 | . . . . . . . . . . . . . . . | Chantons la capucine. . . . . | 394 |
| 127 | Heureux habitants des beaux vallons de l'Helvétie. | Rondeau de la Pénélope de la cité . . . . . . . . . . . . | 1996 |
| *128 | . . . . . . . . . . . . . . . | Vive le vin de Ramponneau. . | 1101 |
| *129 | . . . . . . . . . . . . . . . | Vaudeville de Molière à Lyon | 809 |
| *130 | Bon vieillard , au sort qui t'accable. | Des frêlons bravant la piqûre. | 150 |
| 131 | Je le tiens, ce nid de fauvettes | . . . . . . . . . . . . . . . | 263 |

# MÉLONOME

## Iʳᵉ PARTIE

## EXERCICES

### Choix de cent-trente-un airs connus.

Dans la musique, où l'oreille guide, il semble qu'on
devrait s'attacher à former l'oreille avant tout.

Mad. NECKER

Dès longtemps il est démontré qu'une méthode escortée
de discours savants et étudiés, de règles et de principes,
est longue et souvent hérissée d'épines ; tandis que celle
qui procède par des exemples a le double avantage d'être
plus courte et parsemée de fleurs. Donner des exemples,
c'est instruire et amuser tout à la fois.

Chanoine SCHMID.

N. B. Les lettres capitales italiques placées au-dessus de chaque air, à la fin de la ligne, n'ont d'autre utilité que de marquer l'ordre primitif dans lequel nous avions rangé les exercices ; nous pouvons, malgré les interversions nécessitées par la typographie, indiquer encore comme à peu près exacte la classification suivante, faite au point de vue de la gradation de l'étude.

# MÉLONOME.

## EXERCICES.

Allegretto.
No 4.
D
J'ai de l'ar-gent! Que ces mots ont d'em-pi-re!
Heu-reux qui dit à l'honnête in-di-gent: De ta mi-
-sère, a-mi, je te re-ti-re; Et dès ce jour doit ces-
-ser ton mar-ty-re; J'ai de l'ar-gent! J'ai de l'ar-gent!
Allegro.
No 5.
E
E-xis-te-t-il sur la ter-re Un plus no-ble
-mi-nis-tè-re Que ce-lui dont les suc-cès
Ra-mènent la paix, Ra-mènent la paix? Vous qui te-nez
la puis-san-ce, Dé-vou-ez votre e-xis-ten-ce,
Im-mo-lez tous vos pro-jets Pour a-voir la paix en
Fran-ce, Pour a-voir la paix, Pour a-voir la paix.
Allegro.
No 6.
F
Art di-vin, no-ble po-é-si-e, Com-ment cé-
-lébrer les bienfaits? De toi la ver-tu, le gé-ni-e, Empruntent

de nouveaux at - traits, Em-pruntent de nou-veaux at - traits.
Du hé-ros fameux dans l'his-toi - re Tu chantes les brillants ex-
- ploits! Sans toi que de-vien-drait la gloi - re Dont nous pa-
rons le front des rois, Dont nous pa - rons le front des rois?
Allegro.
H
N° 7.
Du cor, au fond des bois, A - mis, en-ten-dez-vous la
voix, A l'hô - te des fo - rêts Por - tant ses fu - nè-bres ar-
- rêts. En avant, coursiers, Piqueurs et limiers, L'animal pressent Le sort
qui l'attend; Chasseurs, élancez-vous, Bientôt la victoire est à nous.
Allegro.
J
N° 8.
Gais moisson-neurs et mois-son - neu - ses, Le jour se
lève à l'ho-ri-zon, Ton ton, Ton ton, Tontai-ne ton ton. Garçons et
ål - lettes ri - eu - ses, Prépa-rez vous pour la mois-son, Ton
ton. Ton-tai - ne ton ton. Ton ton, Ton-tai - ne ton ton.

Allegro.
Nº 9.
G
Zéphyr! D'un sou-pir, Viens fleu - rir, Em-bel-lir Nos ga-
- zons, Nos vallons, Nos coteaux, Nos berceaux; Sans toi, Sous la loi Des hi -
FIN.
- vers L'u-nivers Va gé - mir, Va languir, Va pé - rir, Oui, pé-rir. L'her-
- bet-te Te guette, L'a- beil-le S'éveil-le, La    ro - se Dis-po- se Son
sein Au lar-cin. Aux flots Des ruisseaux, Rends leurs bonds Va-ga-
-bonds, Rends aux fleurs Leurs couleurs, Aux amours Leurs beaux jours.
Andante.
Nº 10.
I
Non, plus de guerre im-pi - e, Car l'esprit, le tra-vail, l'indus-
- tri - e Servent mieux la pa - tri - e Que  le  fer meurtri - er.
Trans- formons le guer - rier    En   u - tile ou - vri - er.
Mais si  la barba-ri - e Me-nā- çait no-tre ter-re ché-ri - e, Pour
sau - ver la   pa - tri - e, Nous se-rions tous guer - riers.
Allegretto.
Nº 11.
K
Bergers, a - vec  vos chiens fi - dè - les, Veil-lez sans

cesse à vos troupeaux. Le loup rôde, et ses dents cru - el-les Menacent
vos ten-dres agneaux. Qu'atten-tifs au signal d'a-lar-mes, Le chas-
- seur coure a - vec ses ar-mes Quand il en - tend : Au loup, au
1ʳᵉ fois. 2ᵉ fois.
loup, au loup, au loup! Courez, qu'il tombe au pre-mier coup! coup!
Allegro.
Nº 12.
La nuit sur la voûte é-toi - lé - e Promè-ne son char de sa -
- phir; L'oiseau, la branche et le zéphyr, Tout repo - se dans la val-lé - e.
Le coq, du sommet de la tour, Par ses chants de-vance l'au-ro-re
En-ten-dez-vous sa voix so- no-re? Braves Gaulois, voi-ci le jour!
Allegretto.
Nº 13.
Vois-tu, là - bas, sur la col - li-ne, Ce beau châ-
- teau, Et la chau-miè-re qui do - mi-ne Ce vert co - teau?
Dans l'un ha - bi - te l'o-pu - len-ce Et la dou - leur; Dans
l'autre ha - bi - te l'in-no- cen-ce Et le bon - heur.

1.

Allegretto.
N° 14.
M
Vous trouvez-vous dans la détresse, O mes a-mis, cachez-le bien !
Car l'homme est bon et s'inté-res-se  A ceux qui n'ont besoin de rien.
Andantino.
N° 15.
N
Sur les mor-tels, cho-se trop or-di-nai-re, Un bon pré-
-cepte, hé-las! ne produit rien.  Pour en-ga-ger les au-tres à bien
fai-re, Le bon ex-emple est le seul bon moy-en.
Allegro.
N° 16.
P
Vous connaissez Mon-dor, Sot à man-ger de l'her-be;
Il est vil et superbe, In-so-lent et bu-tor.  On le voit dans le
monde, Sans pro-bité, sans foi. En richesse il a - bonde; Pourquoi?
Allegro.
N° 17.
Q
Quand sur mon front rayonnaient dix printemps, Avec ardeur j'aspi-
- rais à vingt ans. Joyeux et fier j'atteignis mes trente ans : Mon bras en
vain repoussa quarante ans. En un clin d'œil voici bien cinquante ans.
Allegretto.
N° 18.
R
Ah ! lorsque la mort trop cru-el   le   En-le-va ce

CANON A DEUX VOIX A ET B.

N° 20. A Allegro B       T

RÉ. ‖ 1 3 5 5 | 1̇ 1̇ 7 · 6 6 5 · | 4 4 3 3 | 2 2 1 · ‖

Ou est, avec beaucoup d'or, Pauvre encor, Ayons un meilleur trésor:

‖ 4 4 3 3 6 6 5 · | 4 4 3 3 2 2 1 · 0 0 0 0 ‖

Sans raison, noble cœur, La ver-tu, la paix, l'honneur.

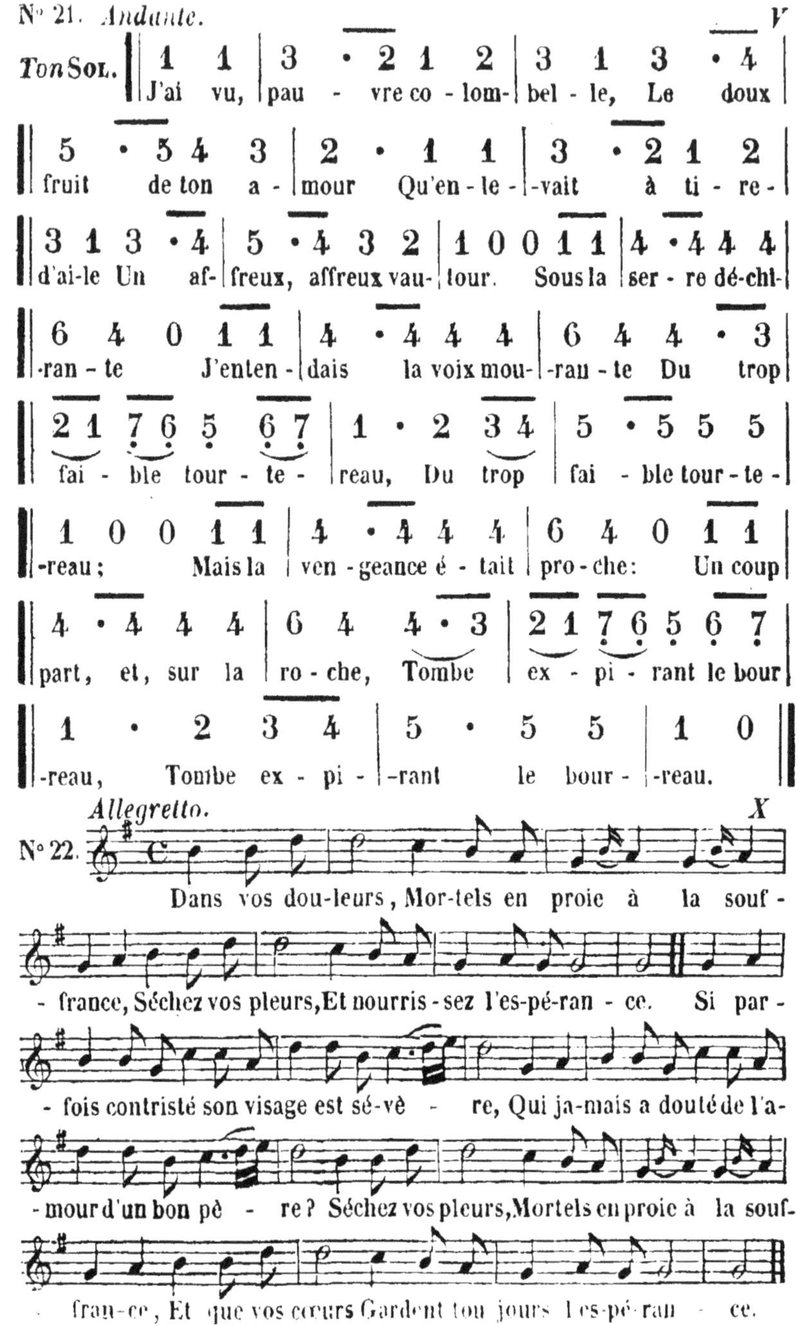

N° 21. Andante.
Ton Sol.
1 1 | 3 · 2 1 2 | 3 1 3 · 4
J'ai vu, | pau - vre co - lom- | bel - le, Le doux
5 · 5 4 3 | 2 · 1 1 | 3 · 2 1 2
fruit de ton a - mour Qu'en-te--vait à ti - re-
3 1 3 · 4 | 5 · 4 3 2 | 1 0 0 1 1 4 · 4 4 4
d'ai-le Un af-freux, affreux vau-tour. Sous la ser - re dé-chi-
6 4 0 1 1 | 4 · 4 4 4 | 6 4 4 · 3
-ran - te J'enten-dais la voix mou--ran - te Du trop
2 1 7 6 5 6 7 | 1 · 2 3 4 | 5 · 5 5 5
fai - ble tour - te - reau, Du trop fai - ble tour - te-
1 0 0 1 1 | 4 · 4 4 4 | 6 4 0 1 1
-reau; Mais la ven -geance é - tait pro - che: Un coup
4 · 4 4 4 | 6 4 4 · 3 | 2 1 7 6 5 6 7
part, et, sur la ro - che, Tombe ex - pi - rant le bour
1 · 2 3 4 | 5 · 5 5 | 1 0
-reau, Tombe ex - pi - -rant le bour - -reau.

Allegretto.
N° 22.
Dans vos dou-leurs, Mor-tels en proie à la souf -
- france, Séchez vos pleurs, Et nourris - sez l'es-pé-ran - ce. Si par -
- fois contristé son visage est sé-vè - re, Qui ja-mais a douté de l'a-
-mour d'un bon pè - re? Séchez vos pleurs, Mortels en proie à la souf-
fran-ce, Et que vos cœurs Gardent tou jours l'es-pé-ran - ce.

Marche.
N° 23.
Y
Ni les combats, ni les vic - toi - res Ne vont re-
Nous ré-ser-vons à d'autres gloi - res Et no - tre
- vivre en nos ac - cents; En - fants d'u - ne ter - re ché-
zèle et notre en - cens.
- ri-e, A votre amour qu'elle sou-ri-e! Viens, ô dou-ce paix, Viens par
les bienfaits Ré - jou - ir les cœurs, u - nir tous les Français, Ho-
- no - rer la pa - tri - e, Ho - no - rer la pa - tri - e.
Andante.
N° 24.
Z
Hommes puis-sants, rois de la ter - re, Gar - dez le
sceptre en - tre vos mains. Sur un peu-ple qui vous ré -
- vè - re, Ré-gnez, ré - gnez en sou - ve - rains, Ré - gnez, ré-
- gnez en sou - ve - rains. Ne pen-sez pas que je re-
- gret - te Un seul in - stant ce pou - voir - là; Ve - nez
voir dans ma maison- net - te, Mon scep-tre vaux mieux que ce -
- la, Mon scep - tre vaut mieux que ce - la.

CANON A QUATRE PARTIES A, B, C, D.

N° 25. A *Allegro.* B C D *U*

Ton SOL.

| 5 5 3 1 | 7 2 1 3 | 2 4 3 5 | 5 7 1 5 |
|---|---|---|---|
| Venez, chants har- | moni-eux. | Ma plus dou-ce | fan-tai-si-e, |
| Et, mu-sique et | po-é-si-e | Sont pour moi l'é- | cho des cieux. |

*Andante.* *b A*

N° 26. SOL.

| 1 2 1 2 | 3 2 | 3 2 1 3 | 2 0 |
|---|---|---|---|
| Voix douce et ché- | -ri-e, | Prends ton noble es- | -sor; |
| 1 2 1 2 | 3 2 | 3 2 1 3 | 2 0 |
| Mon âme at-ten- | -dri-e | Veut l'ou-ïr en- | -cor. |
| 2 2 1 2 | 1 2 | 3 1 2 3 | 2 0 |
| L'ar-deur qui t'in- | -spi-re | Pé-nè-tre mon | cœur, |
| 2 1 2 3 | 1 2 | 3 2 3 2 | 1 0 |
| Et, ra-vi, j'ad- | -mi-re | Ton art en-chan- | teur. |

*Andante.* *b B*

N° 27. UT.

1 2 2 | 3 3 | 3 2 • 2 | 1 • | 1 2 2 | 3 3 |

3 2 • 2 | 1 1 | 3 2 3 | 1 • | 3 2 3 | 1 • |

1 1 1 | 2 2 | 3 2 1 | 2 2 0 | 2 3 2 | 1 1 1 |

2 3 • 2 | 1 • | 1 3 3 | 1 3 | 1 3 | 2 2 |

2 3 2 | 1 • 1 | 2 3 2 | 1 • 1 | 1 1 1 | 1 1 2 |

2 • | 2 3 2 | 1 1 1 | 2 2 2 | 3 • 2 | 1 0 ||

*Andante.* *b C*

N° 28.

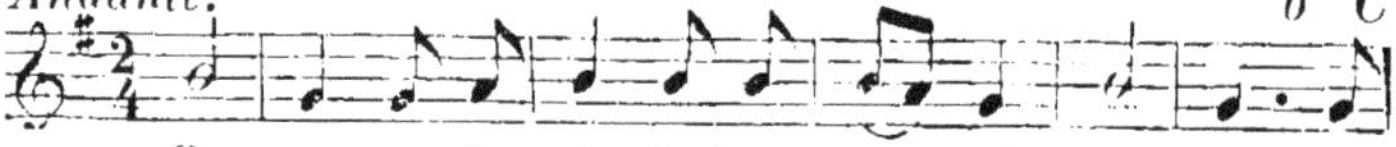

O son-ges ri-ants, ô jeu-nes-se! Pour-quoi nous

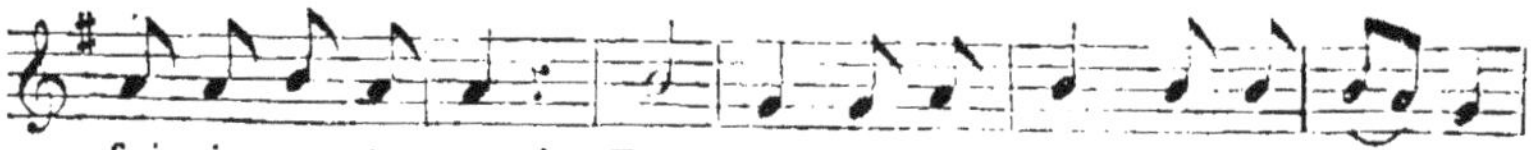

fuir si promp-te-ment! Faut-il qu'u-ne tant douce i-vres-se

Ne du-re pas plus d'un moment! Age heureux, où tout semble ai-
- mable, Où chaque ob-jet offre un plai - sir, Vif at-trait, charme in-
- ex - pri - ma - ble, Ah! qu'on voudrait vous res- sai - sir!...
N° 29. Moderato.
b D
Ton LA.
3 . 1 . 2 | 3 . 4 | 3 . . 3 2 . 2 | 1 . 1
Puis- sent un jour, ò France! ò ma pa- tri - e!
3 . 1 . 2 | 3 . 4 . 4 | 3 . 2 . 2 | 1 . . | 2 . 2 . 2
Tous tes en- fants, en con- certs gra - ci- eux, For - mer leur
2 1 1 . 1 | 4 . 4 . 4 | 3 . 3 3 . 3 . 3 | 2 . .
voix à la noble har -mo- ni - e Des hym-nes saints,
1 1 1 2 . 2 | 3 . . 2 . 2 . 2 | 2 1 1 . 1 | 4 . 4 . 4
di - vins é-chos des cieux! Former leur voix à la noble harmo-
3 . 3 | 3 . 3 . 3 | 2 4 . | 3 . 1 2 . 2 | 1 . .
-ni - e Des hym-nes saints, di - vins échos des cieux?
N° 30.
b F
Ton SOL.
1 1 1 | 1 1 3 5 | 3 . 3 1 1 1 | 1 1 1 1 3 5
3 . 3 1 1 1 | 1 . 0 1 . 2 | 3 . 3 5 . 5 | 3 . 3 1 . 2
3 . 3 5 . 5 | 3 . 3 2 . 2 | 2 . 2 2 . 2 | 2 1 . 2
3 . 3 3 . 2 | 2 . 1 1 1 1 | 1 1 3 5 | 3 . 3 1 1 1
1 1 1 1 3 5 | 3 . 3 1 1 1 | 1 . 0

Andante.
b E
N° 31.
N° 32. Allegro.
b G
Ton Sol. 5 | 1 · 2 | 3 · 1 | 3 · 4 | 5 · 5 | i · 5 |
6 5 5 | i · 5 | 6 5 5 | 4 · 5 | 3 · 5 | 6 · 7 | i 0
Allegro.
b H
N° 33.
Ton Ré. i i i i 2 | 3 i 2 | 3 5 4 3 2 3 | 2 ·
Honneur à la mu- -si- que ! Le plus sim-ple loi - -sir
i i i i 2 | 3 i 2 | 3 5 4 3 4 2 | i 3 · 3
A son entrain ma- -gi-que S'a- breuve de plai - -sir. No - bles
2 4 · 4 | 3 3 · 3 | 2 2 · 2 | 3 3 · 3 | 2 4 · 4
voix Que de fois, Vos ac- cents Tout puis- sants M'ont por -té La gaî-
3 3 · 3 | 2 2 · 2 | 3 5 · 5 | 3 5 · 5 | i ·
-té, La vi - gueur Et l'ar- deur, La fer- veur, Le bon- heur !
Andante.
b I
N° 34.
Ton La. 5 5 4 2 | 1 · 7 1 | 2 · 1 2 | 3 · 2 1
Heu-reux en- -fant, com -bien j'en- vi - - - e

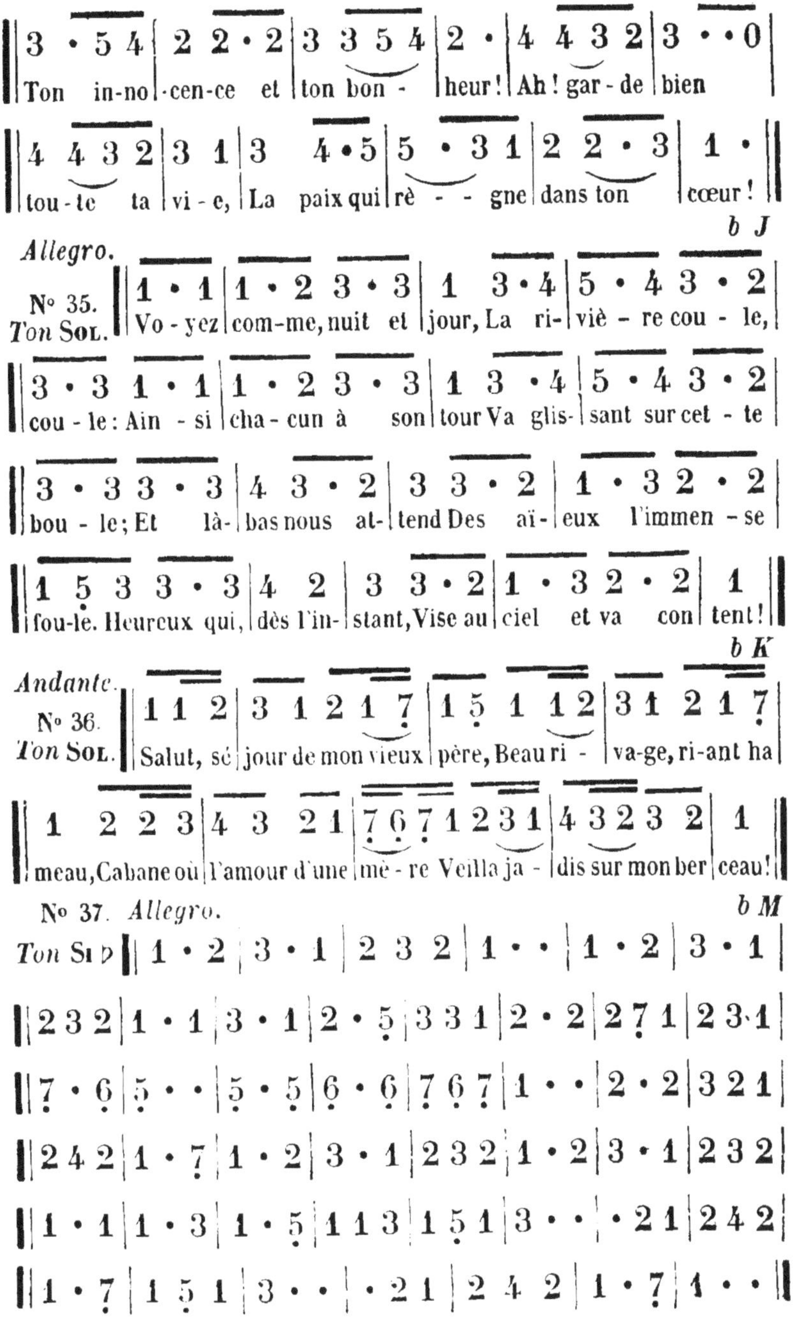

| 3 · 5 4 | 2 2 · 2 | 3 3 5 4 | 2 · | 4 4 3 2 | 3 · · 0 |
| Ton  in-no·cen-ce et | ton bon - | heur ! | Ah ! gar - de | bien |

| 4 4 3 2 | 3 1 3 | 4 · 5 | 5 · 3 1 | 2 2 · 3 | 1 · |
| tou-te ta vi-e, | La paix qui | rè - - gne | dans ton | cœur ! |

*b J*

*Allegro.*

Nº 35.
*Ton* Sol.

| 1 · 1 | 1 · 2 | 3 · 3 | 1 | 3 · 4 | 5 · 4 | 3 · 2 |
| Vo - yez | com-me, nuit | et | jour, La ri- | viè - re cou - le, |

| 3 · 3 | 1 · 1 | 1 · 2 | 3 · 3 | 1 3 · 4 | 5 · 4 3 · 2 |
| cou - le : Ain - si | cha - cun à son | tour Va glis- | sant sur cet - te |

| 3 · 3 3 · 3 | 4 3 · 2 | 3 3 · 2 | 1 · 3 2 · 2 |
| bou - le ; Et là- | bas nous at- | tend Des aï- | eux l'immen - se |

| 1 5 3 3 · 3 | 4 2 | 3 3 · 2 | 1 · 3 2 · 2 | 1 |
| fou-le. Heureux qui, | dès l'in- | stant, Vise au | ciel et va con | tent ! |

*b K*

*Andante.*
Nº 36.
*Ton* Sol.

| 1 1 2 | 3 1 2 1 7 | 1 5 1 1 2 | 3 1 2 1 7 |
| Salut, sé | jour de mon vieux | père, Beau ri - | va-ge, ri-ant ha |

| 1 2 2 3 | 4 3 2 1 | 7 6 7 1 2 3 1 | 4 3 2 3 2 | 1 |
| meau, Cabane où | l'amour d'une | mè - re Veilla ja - | dis sur mon ber | ceau ! |

Nº 37. *Allegro.*

*b M*

*Ton* Si ♭

| 1 · 2 | 3 · 1 | 2 3 2 | 1 · · | 1 · 2 | 3 · 1 |

| 2 3 2 | 1 · 1 | 3 · 1 | 2 · 5 | 3 3 1 | 2 · 2 | 2 7 1 | 2 3 · 1 |

| 7 · 6 | 5 · · | 5 · 5 | 6 · 6 | 7 6 7 | 1 · · | 2 · 2 | 3 2 1 |

| 2 4 2 | 1 · 7 | 1 · 2 | 3 · 1 | 2 3 2 | 1 · 2 | 3 · 1 | 2 3 2 |

| 1 · 1 | 1 · 3 | 1 · 5 | 1 1 3 | 1 5 1 | 3 · · · 2 1 | 2 4 2 |

| 1 · 7 | 1 5 1 | 3 · · · 2 1 | 2 4 2 | 1 · 7 | 1 · · |

Allegro.
Nº 38.
Ton Sol
Sa - lut, brillante au - ro - - - re, Sa- lut! je te re-
-vois; Tu m'ap-pa - rais en- -co - - re, Viens ins -pi-rer ma
voix, Viens ins - pi - rer ma voix.
Andante.
Nº 39.
Allegro.
Nº 40.
Louré.
Nº 41.
Gais en-fants de la mon-ta - gne, Es-cou-ta vos-tra com-
- pa - gne, Ve-nez tous d'i-ci, de là, Là, là, là, là. La chemi-
- na du haut en bas, La che-mi - na du haut en bas.
Allegro.
Nº 42.

Allegretto.
b S
N° 13.
Que nous t'aimons, bel-le    ter-re ! Tu n'as que des biens pour
nous, Et tu sais, comme u-ne mère, Les par-tager entre tous. Tant qu'on
le pourra, La-ri-ret-te, On tra-vail-le-ra, Lari - ra. Tant qu'on le pour-
- ra L'on plante - ra, Piochera, Traîne- ra La brouet  -  te ; Tant qu'on
le pour-ra, La-ri - ret - te, On tra - vail - le - ra, La - ri - ra.
Allegretto.
b T
N° 44.
Tra-vaillons gaiment, Et bra-ve-ment Luttons d'a-dres-se ;
Travaillons gaiment Et ce moment Sera charmant.   Si nous sommes ha-
- bi-les, C'est à jouer, à babil-ler. Mais pour nous rendre u - ti-les Nous
voulons savoir travailler.   Travaillons encor, Car le travail c'est la ri-
- ches-se, Travaillons en-cor, Un tel tré - sor Vaut mieux que l'or.

Allegro.
b R
N° 45.
Quand le triste hi—ver ra - mè- ne La neige et la lon - gue
nuit, Nous ou-blions notre pei-ne Auprès du foyer qui luit. Le feu, Le
feu Nous rend tous heureux, Nous rend tous joy-eux, Vi-ve le feu! Le
Lento.
b U
N° 46.
Bis la dernière fois.
Pour finir.
Andante.
b V
N° 47.
Fil - le des cieux, sé - dui-sante es - pé - ran - ce,
FIN.
Ah! viens toujours, viens ber-cer no - tre cœur. Plei-ne de charme aux
beaux jours de l'enfan-ce, Con-so-le-nous au jour de la dou-leur!

Allegro.
N° 48.
b X
Accourez tous, tambours, clairons, Trombones, clarinettes, Trom-
- pet- tes, cornets à pistons, Vi - o-lons et mu-set-tes ; Flû- tes, haut-
- bois, cors et bas-sons, En-tonnez vos vi-ves chan - sons. Oh ! oh ! oh !
oh ! Ah ! ah ! ah ! ah ! Quel beau con-cert nous au-rons là, la, la.
Allegro.
N° 49.
b Y
A-dieu, frimas et froi - du-re, Coin du feu, manchon, four-
- ru - re, Rhu-me, catharre, en - ge - lu- re, Nei-ge , grê-le, pluie et
vents ; Triste hi - ver, mal né-ces - sai- re, Des plus beaux jours le con-
- trai-re, Pour neuf mois quitte la ter-re, Cède la place au printemps.
N° 50.    CANON A CINQ PARTIES A, B, C, D, E.
Allegretto. A            B            c A
Ton LA. 1  1 2 | 3  1 | 2  7 | 1  0 | 3  3 4 | 5  3 |
C
4 2 | 3  0 | 5 5 5 5 | 5  6 5 | 4  5 4 | 3  0 | 3 3 3 3 |
E                                         D
3 4 3 | 2  3 2 | 1  0 | 1 1  1 1 | 1  1 1 | 5  5 | 1  0 |
Allegretto.            c C
N° 51.  3 | 6 6 6 6 | 1 · 7  6 6 | 7  7  3  2 |
Ton Si b.  Sé - jour de l'o-pu- -len - - - ce, Re- fuge à tant de
1 · 0 1 | 4 4 4 2 | 3 · 3 1 | 2 1 2 3 | 1 · 0 |
maux, Comme u -ne pro-vi- den - ce Pla ne sur nos ha- meaux.

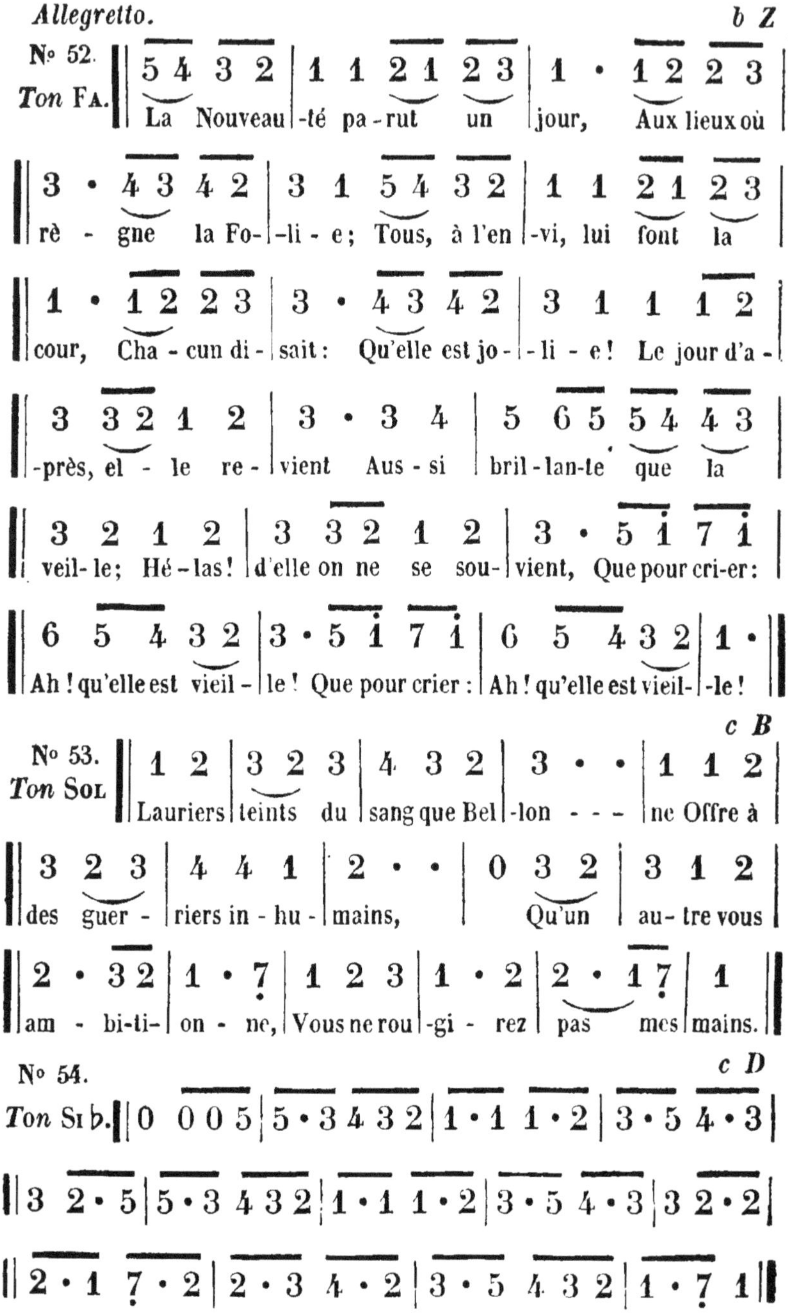
Allegretto.
b Z
No 52.
Ton Fa.
La Nouveau-té pa-rut un jour, Aux lieux où rè-gne la Fo-li-e; Tous, à l'en-vi, lui font la cour, Cha-cun di-sait: Qu'elle est jo-li-e! Le jour d'a-près, el-le re-vient Aus-si bril-lan-te que la veil-le; Hé-las! d'elle on ne se sou-vient, Que pour cri-er: Ah! qu'elle est vieil-le! Que pour crier: Ah! qu'elle est vieil-le!
c B
No 53.
Ton Sol
Lauriers teints du sang que Bel-lon-ne Offre à des guer-riers in-hu-mains, Qu'un au-tre vous am-bi-ti-on-ne, Vous ne rou-gi-rez pas mes mains.
c D
No 54.
Ton Si b.

Allegro.
c E
N° 55.
Fourneaux, pé-til-lez bien vi-te, Ro-tis-seurs, chauffez vos
fours; Dressez-vous, chaudron, mar-mi-te, Et toi, bro-che, mes a-
-mours, Viens du cours De mes jours Nourrir la gaîté fé-con-de, Et tour-
-ne com-me ce mon-de, Qui, dit-on, tour-ne tou-jours, Qui, dit-
-on, tour-ne tou-jours, Qui, dit-on, tour-ne tou-jours.
Allegro.
c F
N° 56.
Heu-reux qui, né dans l'ai-san-ce, A de l'or en a-bon-
-dan-ce, Car l'or, dans tous les pa-ys, A bien-tôt fait des a-
-mis! Mais ce mé-tal sait pro-dui-re Tant de vo-leurs et d'in-
-grats, Qu'au sein de l'or, on doit di-re: Bien-heu-
-reux qui n'en a pas! Bien-heu reux qui n'en a pas!
Allegro.
c G
N° 57.

Andante.
c H
N° 58.
Près du ber-ceau qui contient ma ri - ches-se, Mon seul bon-
- heur et mon plus doux es-poir, Le cœur rempli d'inqui - è - te ten-
- dres-se, Souvent bien triste, hé-las! je viens m'asseoir. Puis re-gar-
- dant ce doux et frais vi - sa-ge, Je pense à ceux que j'ai dé-jà per-
- dus. Oh! loin de moi tout funeste présage! Pourtant, mon Dieu! s'il ne
s'é-veil-lait plus! Mon Dieu, mon Dieu! s'il ne     s'é-veil-lait plus!
Allegro.
Fin.
c I
N° 59.
Andante.
c J
N° 60.
Prie et tra-vail-le, est     ce que l'on ré - pè - te  Au malheu-
- reux qui ré - clame un  peu d'or: Et ce con-seil, que souvent il re-
- jet - te,  S'il le sui - vait, lui vau - drait  un   tré - sor.

Andante.
c K
N° 61.
A-dieu sou-cis, a - dieu for - tu - ne, Plus rien ne trou-ble
mon re-pos; En fuy - ant la foule im-por - tu - ne, J'ai trou-
- vé l'ou-bli de mes maux. A mes yeux tout se re-nou-vel - le,
Tout i - ci - bas me pa - raît bien; Je crois à l'a - mi -
- tié fi - dè - le, Car je suis seul a - vec mon chien.
Andante.
c L
N° 62.
Allegro.
c M
N° 63.
Ton Ut.
0   0   0   5 | 1 · 1   1   7   6 | 5 · 5   5 · 5 |
1 · 1   1   7   6 | 2 · 5   5 · 5 | 7 · 7   7   6   5 |
6 · 6   6 · 6 | 5 · 5   5   6   7 | 1 · 3   1 · 0 |
Andante.
c N
N° 64.

Allegretto.
N° 65.
c O
N° 66. Allegro.
c P
Ton Sol. ‖: 0 0 12 | 3 · 3 | 5 · 5 | 3 2 3 | 1 · 1 | 2 · 2 |
‖ 5 6 7 | 1 · 0 :‖ 0 0 71 | 2 · 2 | 2 3 4 | 3 · 5 |
‖ 1 · 71 | 2 · 2 | 2 3 4 | 3 · 5 | 1 · 1 | 3 · 3 |
‖ 5 · 5 | 3 · 2 3 | 1 · 1 | 2 · 2 | 1 · 7 1 | 1 · 3 | 1 · ‖
Andante.
N° 67.
c Q
Fin.
Allegretto.
N° 68.
c R

Allegro.
cS
N° 69.
Du ma-tin au soir, Le noir Joint l'é-clat à la
grâ-ce; Dans tou-te sai-son Le noir, dit-on, Est de bon
FIN.
ton. On se met en noir Lorsqu'on va voir Les gens en pla-ce,
Le juge est en noir Quand sur son siége il va s'as-seoir.

N° 70. Allegro. cT
Ton RÉ. || 3 · · | 3 · · | 3 2 3 | 5 4 4 | 2 · · | 2 · · |
|| 2 1 2 | 3 · · | 3 · · | 3 · · | 3 2 3 | 5 4 4 | 2 2 2 |
|| 5 4 2 | 1 · · | 6 · · | 5 · · | 2 2 2 | 5 4 2 | 1 · · ||

Allegro. cU
N° 71.
Sur tout et par-tout on mé-dit, Un
bon mot se change en sa-ti-re; Sans fiel on n'au-rait
pas d'esprit, Pour s'é-gay-er il faut mé-di-re. Mes
a-mis, ne par-tageons plus Cet-te trop commune in-jus-ti-ce. C'est
par l'é-lo-ge des ver-tus Que l'on doit cor-ri-ger le
vi-ce, Que l'on doit cor-ri-ger le vi-ce.

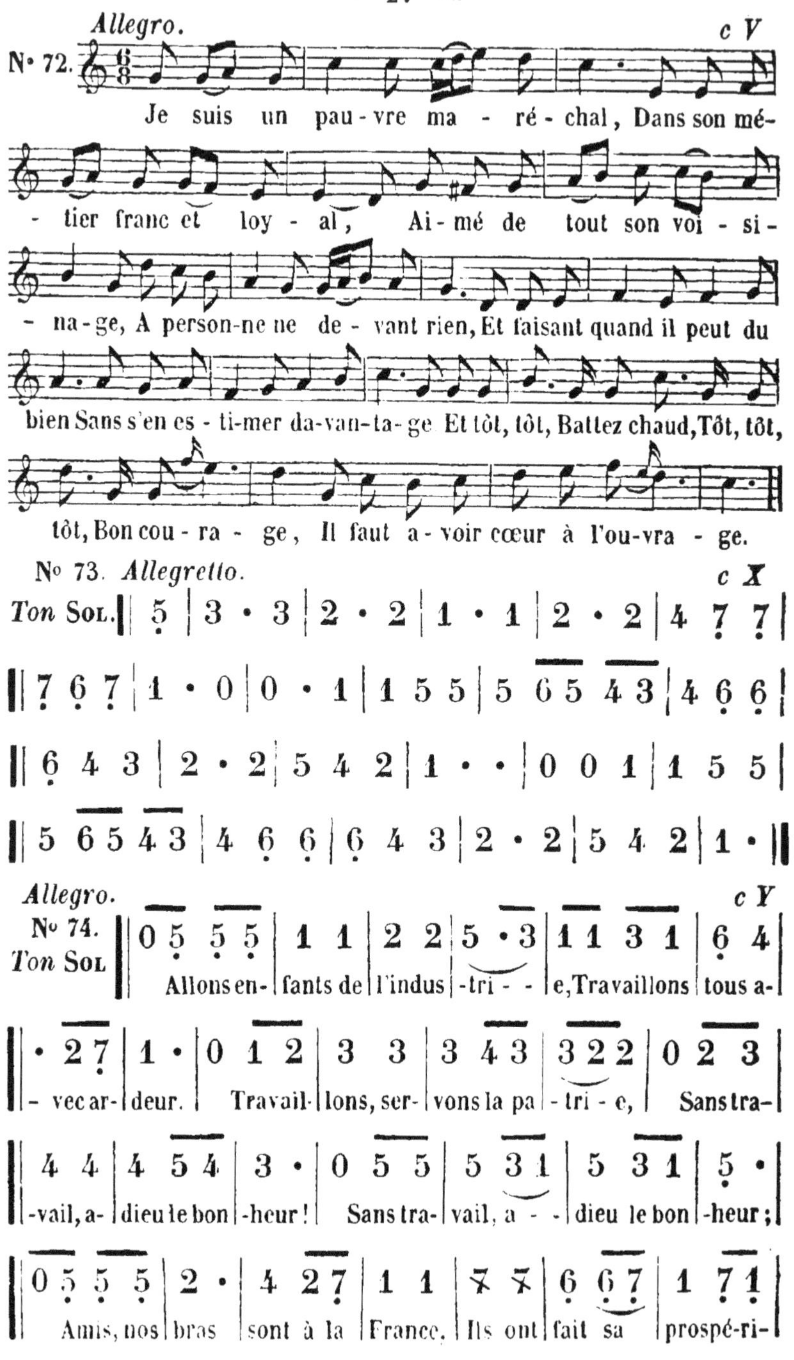
Allegro.
c V
Nº 72.
Je suis un pau-vre ma - ré - chal, Dans son mé-
- tier franc et loy - al, Ai - mé de tout son voi - si-
- na-ge, A person-ne ne de - vant rien, Et faisant quand il peut du
bien Sans s'en es - ti-mer da-van-ta- ge Et tôt, tôt, Battez chaud, Tôt, tôt,
tôt, Bon cou - ra - ge, Il faut a - voir cœur à l'ou-vra - ge.
Nº 73. Allegretto.
c X
Ton Sol.
5 | 3 · 3 | 2 · 2 | 1 · 1 | 2 · 2 | 4 7 7 |
7 6 7 | 1 · 0 | 0 · 1 | 1 5 5 | 5 6 5 4 3 | 4 6 6 |
6 4 3 | 2 · 2 5 4 2 | 1 · · | 0 0 1 | 1 5 5 |
5 6 5 4 3 | 4 6 6 | 6 4 3 | 2 · 2 | 5 4 2 | 1 · |
Allegro.
c Y
Nº 74.
Ton Sol
0 5 5 5 | 1 1 | 2 2 | 5 · 3 | 1 1 3 1 | 6 4 |
Allons en- fants de l'indus -tri - - e, Travaillons tous a-
· 2 7 | 1 · 0 | 1 2 | 3 3 | 3 4 3 | 3 2 2 | 0 2 3 |
- vec ar- deur. Travail- lons, ser- vons la pa - tri - e, Sans tra-
4 4 | 4 5 4 | 3 · | 0 5 5 | 5 3 1 | 5 3 1 | 5 · |
-vail, a- dieu le bon -heur ! Sans tra- vail, a - - dieu le bon -heur ;
0 5 5 5 | 2 · | 4 2 7 | 1 1 | 7 7 | 6 6 7 | 1 7 1 |
Amis, nos bras sont à la France. Ils ont fait sa prospé-ri-

2 · 0 02 3 · 3 2 3 4 3 2 · 0 3 2 1 1
-té; Le prix de leur ac-ti-vi-té Fut tou-jours la
1 2 1 1 7 7 0 0 5 5 · · 5 3 1 2 ·
paix, l'a-bon -dan - ce. Chan-tons, ô tra-vail-leurs !
· 0 5 5 · · 5 3 1 2 · 0 5 1 · · 2 3 ·
Nos re - frains les plus beaux. (Chan -tons, chan-tons,
· · 4 · 5 6 2 · · 0 6 5 · · 3 4 2 1 ·
Dieu bé-ni- ra nos chants et nos tra- vaux.)
Allegro.
c Z
N° 75.
Va, jeune en - fant, cueil-lir, les fleurs nou - vel-les;
De leur é - clat or - ne ton front si beau; Mais, souviens-toi, sous
ton brillant joy-au, Que, fleur aus-si, tu dois pas-ser comme el -
- - les, Que, fleur aus - si, tu dois pas-ser comme el - - les.
Allegretto.
d C
N° 76.

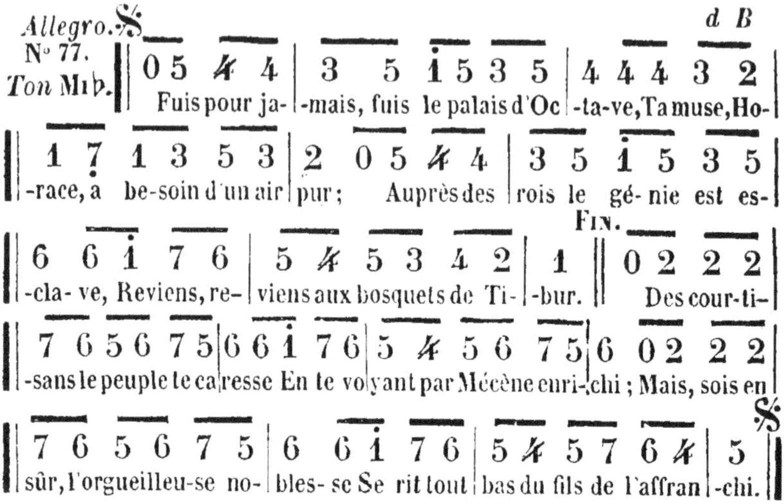


Sur l'air de la 1re reprise.

Où tout est faux, le deuil comme la joie,
Que vas-tu faire, inhabile flatteur?
Chaque présent qu'un ministre t'envoie
Force ton luth à devenir menteur.

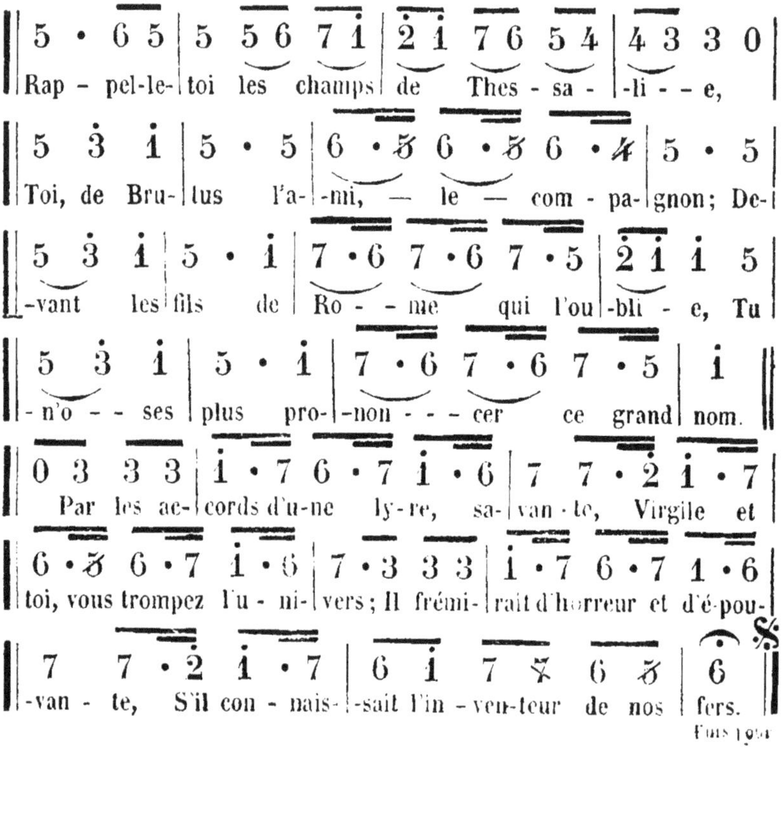

Andantino.
d A
N° 78.
Pauvre da-me Margue-ri - te, Tes derniers jours sont ve-
- nus, Et ces fuseaux que j'a - gi - te Bientôt ne tour-neront
plus. Que je voie en-cor mes maîtres Au châ-teau de leurs an -
- cê-tres, A - vant de mourir, voi - là Le seul bon-heur que j'im -
- plo - - re! Fu - seaux lé-gers, tour-nez, tour-nez, tournez en-
- co - re; Fu - seaux lé - gers, tour - nez, tour-nez en -
- co-re jus-que - là; Fu- - là, Tour - nez encor jus-que - là, Tour-
1ʳᵉ FOIS. 2ᵉ FOIS.
- nez en - cor jus-que - là, Tour-nez en - cor jus-que - là.
Allegretto.
d D
N° 79.

Andante.
d E
N° 80.
Andante.
d F
N° 81.
Dans le cris - tal d'une eau clai - re, Un jour
Pinson se mi - ra. Que d'attraits ! comme il va plai-re ! Quelle
beau-té se - ra fiè - re Quand Pin - son se mon - tre - ra?
Allegretto.
d G
N° 82.
L'or cor-rup-teur a des-sé-ché les â - mes, L'or a flé-
- tri les vertus, les ta - lents ; L'or a tis - su les plus hor-ri-bles
tra - mes, L'or a souil-lé jusques aux cheveux blancs, L'or a souil-
- lé jus - ques aux che-veux blancs ! La Li - ber-
- té, qui n'a plus d'espé-ran-ce, Nous re - ti- rant ses bienfaits dé-dai-
- gnés, Dit, les yeux de lar - mes bai - gnés: Mal-heur aux

Nº 84.  *Allegretto.*  d J

Ton LA.

‖ 1 1 | 3 2 2 2 | 4 3 3 3 | 5 3 1 3 | 2 5 5 | 5 6 4 4 |

‖ 4 5 3 3 | 2 3 2 1 7 | 1 5 5 | 6 6 6 6 | 5 1 1 | 7 2 5 4 |

‖ 3 3 3 | 2 2 2 2 | 2 1 1 | 7 7 6 6 | 5 1 1 | 3 2 2 2 |

‖ 4 3 3 3 | 5 3 1 3 | 2 5 5 | 5 6 4 4 | 4 5 3 3 |

‖ 2 3 2 1 7 | 1 3 1 | 6 6 6 1 | 7 4 2 7 7 7 2 | 1 3 4 |

‖ 3 4 3 4 | 3 2 2 | 1 1 7 7 | 6 1 1 | 3 2 2 2 | 4 3 3 3 |

‖ 5 3 1 3 | 2 5 5 | 5 6 4 4 | 4 5 3 3 | 2 3 2 1 7 | 1 ‖

3.

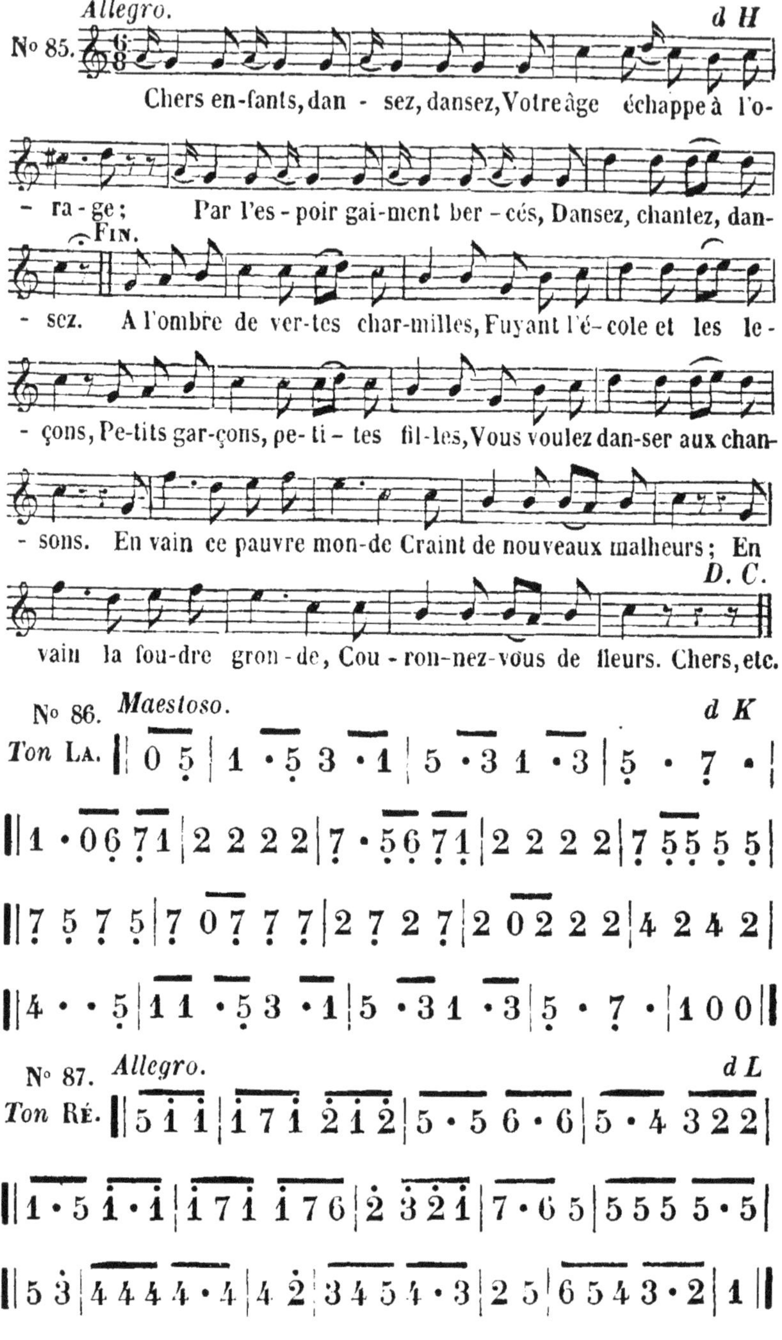


N° 86. *Maestoso.*                                    d K

Ton LA.  ‖ 0 5̣ | 1 · 5̣ 3 · 1 | 5 · 3 1 · 3 | 5̣ · 7 · |

‖ 1 · 0 6̣ 7̣ 1 | 2 2 2 2 | 7 · 5̣ 6̣ 7̣ 1 | 2 2 2 2 | 7 5 5 5 5 |

‖ 7 5 7 5 | 7 0 7 7 | 2 7 2 7 | 2 0 2 2 | 4 2 4 2 |

‖ 4 · · 5̣ | 1 1 · 5̣ 3 · 1 | 5 · 3 1 · 3 | 5̣ · 7̣ · | 1 0 0 ‖

N° 87. *Allegro.*                                    d L

Ton RÉ.  ‖ 5 1̇ 1̇ | 1̇ 7 1̇ 2̇ 1̇ 2̇ | 5 · 5 6 · 6 | 5 · 4 3 2 2 |

‖ 1 · 5 1̇ · 1̇ | 1̇ 7 1̇ 1 7 6 | 2̇ 3̇ 2̇ 1̇ | 7 · 6 5 | 5 5 5 5 · 5 |

‖ 5 3̇ | 4̇ 4 4 4 · 4 | 4 2̇ 3 4 5 4 · 3 | 2 5 | 6 5 4 3 · 2 | 1 ‖

*Allegretto.* d M

No 88.
Ton LA.

‖ 1 2 | 3 3 3 2 | 2 1 1 2 | 3 3 3 2 | 2 1 3 4 |

‖ 5 5 5 4 | 4 3 3 5 | 4 4 3 3 | 2 5 5 | 5 6 4 4 |

‖ 4 5 3 3 | 3 4 2 2 | 2 3 1 2 | 3 3 4 2 | 5 5 4 4 |

‖ 3 3 2 2 | 1 5 5 | 5 6 4 4 | 4 5 3 3 | 3 4 2 2 |

‖ 2 3 1 2 | 3 3 4 2 | 5 5 4 4 | 3 3 2 2 | 5 4 4 | 3 3 2 2 | 1 ‖

*Allegro.* d N

No 89.

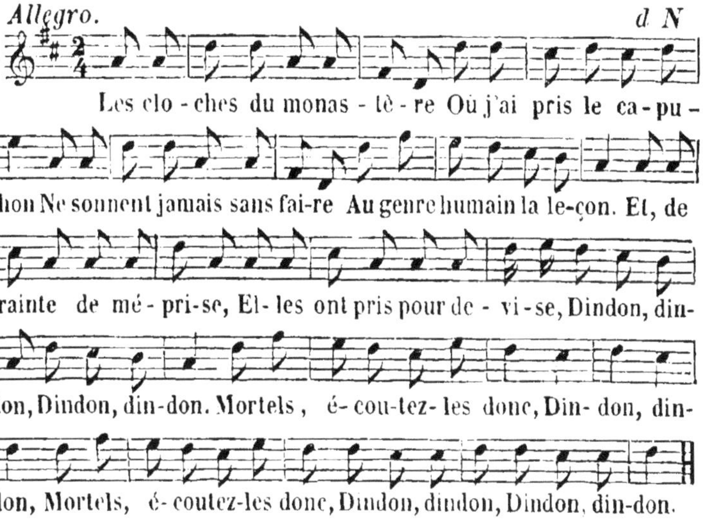


*Allegretto.* d O

No 90.

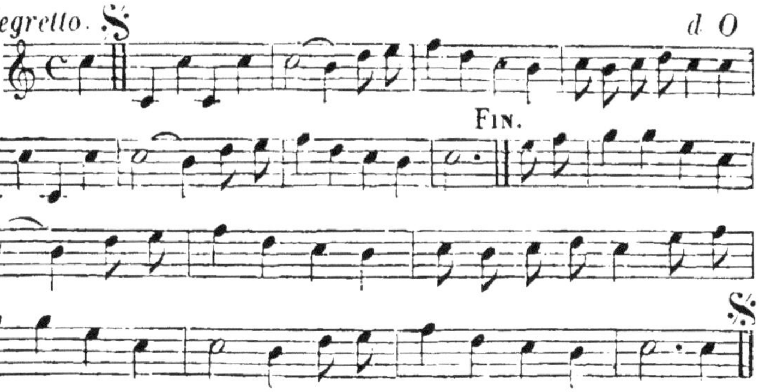

Andante.
N° 91.
d P
Ja - mais l'or-gueil ne fut per - mis, Pas même
aux hom - mes de gé - ni - e; Si ce dé - - faut les
rend pe - tits, Ils sont grands par la mo-des - ti - -
- e; Cet - te ver - tu, dans tous les temps, Eut ses droits
— — cer - tains sur nos â - mes. La mo-des - tie est
aux ta - lents Ce que la pu - deur est aux fem -
- mes, Ce que la pu - deur est aux fem - - mes.
Allegro.
N° 92.
d Q

Allegro.
d R
N° 93.
Fin.
Andante.
d T
N° 94.
Dans u-ne chaumière mo-des - te , Ja-dis, quand j'étais confi-
- né, J'avais de la pla-ce de res-te ; Dans mon château je suis gê-
- né, Dans mon château je suis gê - né. Il ne faut pas qu'ici l'on se de-
- man-de D'où vient ce chan - gement su - bit. Pour les a -
- mis la chaumière est trop grande, Pour les flatteurs le château trop pe-
- tit ; Pour les a - mis la chaumière est trop gran-de, Pour les flat-
- teurs le château trop pe-tit, Pour les flatteurs le château trop pe-tit.

Ton LA ‖ 5 | 3 5 5 | 3 5 5 | 6 4 3 | 2 5 5 | 2 5 5 |
‖ 5 5 4 | 3 5 5 | 3 5 5 | 6 4 3 | 2 5 5 | 1 7 7 | 1 0 ‖

**Allegretto.**

d Y

N° 98.

**Allegretto.**

e D

N° 99.

**N° 100.** *Allegro.* **A**                                   *d* X

Ton Ut. ‖ 0 0 5̣ | 1 · 1 2 · 2 | 3 1 · 1 | 7̣ · 6̣ 4 · 4 |

‖ 2 0 · 5̣ | 1 · 1 2 · 2 | 3 1 · 1 | 7̣ · 5 4 · 2 |

**B**

‖ 1 0 · 5̣ | 5 · | · 6̣ 7 1 2 3 | 4 4 4 2 · 2 | 7 0 0 5̣ |

**C**

‖ 5̣ · | · 6̣ 7 1 2 3 | 4 4 4 2 1 2 | 3 0 · 3 |

‖ 3 2 1 7̣ 6̣ 5̣ | 1 1 1 1 7̣ 1 | 2 5̣ 5̣ 5̣ 6̣ 5̣ | 5 · · 4 |

‖ 3 2 1 7̣ 6̣ 5̣ | 1 1 1 1 7̣ 1 | 2 · 5̣ 5̣ 5̣ 5̣ | 1 0 ‖

**N° 101.** 𝄋 *Allegretto.*                                   *d* Z

Ton Ut. ‖ 3 5 7 | 1̇ 2̇ 3̇ | 3 5 7 | 1̇ 2̇ 3̇ 0 | 3̇ 2̇ 5 | 5 0 2̇ · 2̇ |

‖ 2̇ 1̇ 5 | 5 1̇ 0 0 | 3 5 7 | 1̇ 2̇ 3̇ | 3 5 7 | 1̇ 2̇ 3̇ 0 |

‖ 3̇ 2̇ 2̇ | 1̇ 7 2̇ | 5 1̇ 7 | 1̇ 0 5 | 5̇ · · | · · · | 3̇ 2̇ · 1̇ |

**Fin.**

‖ 1̇ 0 0 ‖ 7 7 7 | 2̇ · · | 7 7 7 7 7 | 2̇ · 1̇ 0 | 1̇ 1̇ 1̇ |

‖ 1̇ · 1̇ | 7 · 7 2̇ 2̇ | 1̇ 0 0 | 7 7 7 | 2̇ · 2̇ | 7 · 7 7 7 |

‖ 2̇ · 2̇ 0 | 1̇ 2̇ 3̇ | 7 1̇ 2̇ | 1̇ 6 · 6 | 5 0 0 | 5 5 5 |

𝄋

‖ 5 5 5 | 5 5 · 5 | 5̇ · · | · · · | · · · | · · · | 1̇ 0 0 ‖

*Andantino.*                                   *e* A

**N° 102.**

pas voy-a - geur comme toi? Voy-a - geur comme toi?
Allegretto.
e B
N° 103.
Allegretto.
e C
N° 104.
Ton
SOL MINEUR.
0 1 2 | 3 3 3 3 | 4 2 1 2 | 3 2 1 7 3
C'ti-là qui fait des vo- lu-mes, Il lui faut du papier Un'
2 1 7 1 6 4 2 | 3 3 3 3 | 4 3 1 2 | 3 2 1 7 · 6
table, un encrier, Un ca- nif a-vec des plumes; Alors il s'met à son mé-
6 · 3 | 6 6 6 6 3 | 4 2 3 4 | 5 5 5 7 5 4
-tier. Quand quelque chose l'ar rê - te, Tout d'suite il s'grat-te la
3 1 4 5 | 6 6 6 6 | 5 5 5 5 | 6 5 4 3 2 · 1
tê-te, Il s'lève, il s'assied, Il frap' du pied, Et puis il s'mord vingt fois Les
1 · 3 4 | 5 5 5 5 | 5 5 5 5 | 6 6 6 6
doigts; Il est content Un ins- tant, Et puis a- près, Sur nouveaux
7 · 7 | 1 · 7 6 1 7 6 | 5 3 6 7 | 1 1 1 1 1
frais, Quitt' sa place Et fait la gri- ma-ce. Il rit Il sou-rit; Enfin
7 7 7 7 7 | 6 6 6 6 | 5 6 1 7 6 5 | 6
il é -crit... Eh bien, je t'ai dit Comme on fait de l'es- -prit.

4

Allegretto.
N° 105.
c E
Ah! ah! ah! ah! ah! ah! ah! ah! ah! Comment faire, hé-
- las! Pour s'amu-ser sur cet-te terre? Ah! ah! ah! ah! ah! ah! ah! ah!
Fin.
ah! Comment faire, hé-las! Pour ne point bailler i-ci-bas? Du so-
- leil l'é-clat ne tou-che Ni mon â-me, ni mes sens: Voi-là
dé-jà si long-temps Qu'il se lève et qu'il se cou-che.
Andante.
c F
N° 106.
Sur les genoux de ta mè-re, Viens, ô mon pe-tit gar-
- çon! Pour te fer-mer la pau-piè-re Je sais plus d'u-ne chan-
- son. Viens, le sommeil que j'im-plo-re T'assou-pi-ra dans mes
bras. Chan-tez, chantez en-co-re, Ma-man, je ne dors pas
Allegretto.
e G
N° 107.
Vi-ve la lut-te, Le tri-omphe a-che-
- té, Qu'on nous dis-pu-te; L'ob-sta-cle sus-ci-
- té Que la main cul-bu-te, Vi-ve l'ac-ti-vi-té!

Nº 108.   **S. Andante.**   c II

Mi mineur. ‖ 3 | 3 2 1 | 1 7 6 | 6 · 1 3 | 6 · 3 | 3 2 1 |

‖ 1 7 6 | 7 · · | · · 3 | 3 2 1 | 1 7 6 | 6 · 1 3 | 6 · 3 |

Fin.

‖ 3 4 3 | 2 7 3 | 6 · · ‖ 5 1 2 | 3 · · | · 3 4 | 5 · · |

‖ 3 3 4 | 2 · · | 2 2 3 | 1 · · | 5 1 2 | 3 · · | · 3 4 |

‖ 5 · 3 | 3 3 4 | 2 · · | 2 2 3 | 1 · · | · · 3 ‖ S.

Nº 109.   **Allegretto.**   c J

La mineur. ‖ 3 6 í | 7 í 6 | 5 4 5 | 6 · 3 | 3 6 í |

‖ 7 í 6 | 5 4 5 | 6 · · · ‖ 3 í 3 | 2 7 2 | í 7 6 |

‖ 7 · 3 | 3 í 3 | 2 7 2 | í 7 6 | 3 · · | 3 6 í |

‖ 7 í 6 | 5 4 5 | 6 · 3 | 3 6 í | 7 í 6 | 5 4 5 | 6 · · ‖

**Andante.**   c K

Nº 110.

Allegretto.
e J
Nᵒ 111.
La double et rude é - cor - ce Des fri - an-des noix, Bien
vai - ne-ment s'ef-force A re - bu - ter mes doigts. Du
brou la sève im - pu - re M'as-siége et me pour-suit; Et
puis co-quille est du - re, Mais j'au - rai le fruit.

Allegro.
e L
Nᵒ 112.
Je suis le pe - tit Pier - re Du faubourg Saint-Mar-
- ceau, Mes- sa-ger or-di - nai - re, Fac-teur et porteur d'eau. J'ai
plus d'u-ne ressour-ce Pour fai-re mon che-min. Je n'emplis pas ma
bour-se, Mais je ga-gne mon pain, Mais je gagne mon pain.

Andante.
e M
Nᵒ 113.
Un canard, dé-ploy-ant ses ai-les, Et se baignant dans
un é - tang, Di-sait à sa can - ne re - bel - le: Quand,
quand, quand, fi - ni - ra mon tour - ment? Quand, quand,
quand, quand, quand, quand, quand, quand fi - ni - ra mon tour-

- ment? Quand, quand, quand, fi - ni - ra mon tour - ment?

Andante.

e O

N° 114.

Le bon vieil - lard de Gail-lard-bois Chantait aux

enfants au - tre-fois: A qui ne don - ne Rien à per-

- son - ne, Per-sonne aus - si ne don-ne - ra, Personne aus -

- si ne don - ne - ra. Sois ser-vi - a - ble, Sois cha-ri-ta -

- ble; Comme tu fais l'on te fe - ra, Comme tu fais l'on te fe -

- ra, Comme tu fais l'on te fe - ra, Comme tu fais l'on te fe - ra.

Andante.

e P

N° 115.

Je suis mo-deste et sou - mi - se, Le mon-de me voit fort

peu, Car je suis toujours as - si - se Dans un pe-tit coin du feu: Cette

pla-ce n'est pas bel - le, Mais pour moi tout pa-raît bon. Voi-là pour-

- quoi, l'on m'ap-pel - le La pe - ti - te Cen-dril-lon, Voi-là pour-

quoi l'on m'ap-pel - le La pe - ti - te Cen - dril - lon.

Andante.
Nº 116.
Sur la ver - tu    com-bien d'é- crits! Quels cours de
mo-rale   on nous don-ne! Comme on la pra - ti-quait ja - dis!
Aujourd'hui comme on   en   rai - son - - ne!   Il n'est tel
que d'a - voir vé - cu!   On voit ce qu'on n'a   ja - mais vu.
Nº 117. Andante.
Ton Sol.
6 1 6 | 3 · 3 | 4 3 2 | 3 · 0 | 1 7 6 | 1 7 6 |
7 · · | 3 0 0 | 6 1 6 | 3 · 3 | 4 3 2 | 3 · 0 |
1 7 6 | 1 7 6 | 7 · · | 3 0 0 | 3 3 5 | 1 · 3 |
2 · 4 | 6 · 5 | 3 3 5 | 1 · 3 | 2 3 2 | 1 · 0 ||
Allegro.
Nº 118.

N° 118 bis. *Allegro.*

LA *mineur* et UT *majeur*

* L'expression 6 = 1, placée au-dessus de la ligne, dans le cours de la mélodie, indique que l'intonation LA devient celle de l'UT pour la suite de l'air ; et pareillement l'expression 1 = 6 à la fin du morceau, indique que l'intonation de l'UT devient celle du LA pour recommencer.

*Allegro.*

N° 119.

N° 120.
Allegretto.
SOL mineur.
N° 121.
Allegro.
J'ai ré-for-mé mon bar-bier, Mon tail-leur et ma lin -
- gè-re, Jusques à ma bou-lan - gè - re, Ne pou-vant plus les pay -
- er. Pour con-ju-rer ma ru - i - ne, J'ai ré - for-mé ma cui-
- si-ne, Je ne sou-pe ni ne dî - ne, Ce jeûne, hé-las ! m'est pres-
- crit ! Mais dans ma gran-de dé - tres-se, Je n'ai pu, je le con-
- fes - se, Ré-former mon ap-pé - tit, Ré-former mon ap-pé - tit.
N° 122.
Allegro.

N° 123. Allegretto. e X
Je n'ai plus d'appui sur la ter - re, Je suis er-
- rant, a - ban-don - né; Mon seul es-poir é-tait mon
pè - re, Et les com - bats l'ont mois-son-né. Mais a- vec or-
- gueil je m'é- cri - e: Il tom - ba, fi - dèle et vail-
- lant. Ah! se - courez le pauvre en-fant Du sol - dat
mort pour la pa - tri - - e! Ah! se-cou-rez le pauvre en-
- fant Du sol-dat mort pour la pa tri - e, Pour la pa-tri - - e!
N° 124. Allegretto. f G
Ton Fa. ‖ 0 0 3 3 · 4 | 5 · | · 4 3 3 2 1 | 1 4 | · · 4 4 5 6 |
‖ 6 5 | · 4 3 2 3 2 | 1 · 0 0 | 0 1 · 2 | 3 3 · 3 |
‖ 6 6 · 6 | 5 · | 3 · 3 3 · 2 | 1 · 3 3 · 6 |
‖ 6 · · 5 | 7 · | · 6 5 4 3 2 | 1 · | 1 · 1 2 3 4 |
‖ 5 · | · 6 5 4 3 2 | 1 · | · 5 3 2 3 2 | 1 0 ‖

Allegretto.
N° 125
Cha-cun me dit à la ron-de Que je suis mal lo-
-ti, Et mal bâ-ti; Mais il faut bien, dans ce mon-de, Prendre
FIN.
en-fin son par-ti. Je suis pauvre, et n'at-tends
mê-me Ni pla-ce, ni sou-tien, Mais n'ay-ant rien, Je suis
sûr que lorsqu'on m'ai-me Ce n'est pas pour mon bien. Chacun

N° 126. Allegro. f C
Ton Sol. ‖ 3 | 2 3 4 3 | 2 1 3 | 2 3 4 3 | 2 2 | 2 7 1 2 | 3 1 2 |
‖ 2 1 2 3 2 | 1 3 3 | 3 2 3 4 3 | 2 1 2 2 | 2 1 2 3 2 | 1 ‖

Allegretto. e Z
N° 127.
Heureux ha-bi-tants des beaux vallons de l'Hel-vé-ti-e,
Pa-ys en-chan-té, Sé-jour de la fé-li-ci-té! Au sein de vos
champs, Oui, je viens pour pas-ser ma vi-e, Loin des in-tri-
FIN. Coda.
-gants, Des op-pres-seurs et des mé-chants. Qu'un pauvre, en pleu-
-rent, Aille, im-plo-rant Pour sa mi-sè-re,

N° 128. *Allegro.* *f* A

Ton Mib.

Nota. Le R sur la double barre est le signe de changement du rhythme.

N° 129. *Andante.* *f* B

Ton Ré.

Nota. Le M sur la double barre est le signe du changement de mesure.

N° 130. Allegro.
Ton SOL MIN.
f C
Bon vieil -lard, au sort qui t'ac - - -ca - ble N'oppo- se
plus un vain es- poir; Besoins, dou- leurs, au mi - sé-
-ra-ble, Plus tris- te lot peut - il é- choir? Gar - de- toi, mon
fils, de me plain - dre, N'ai - je pas mon Dieu pour sou-
tien? Il me nour -rit, qu'au- rais-je à crain - dre?
Mon trésor vaut mieux, mon tré-sor vaut mieux que le tien.
Andante.
N° 131.
f D
Je le tiens, ce nid de fau - vet - tes: Ils sont deux,
trois, quatre pe- tits; Depuis si longtemps je vous guet - te! Pauvres oi-
- seaux, vous voi - là pris! Cri-ez, sif - flez, pe- tits re -
- bel - les, Dé- bat- tez - vous, oh! c'est en vain! Vous n'avez
pas en- cor vos ai- les, Comment vous sau - ver de ma main'

# MÉLONOME

## II<sup>e</sup> PARTIE

## MÉTHODE

### Principes déduits des Exercices.

> *L'appréciation des sons, de leurs intervalles*, de leur réunion dans les accords, puis *celle de la division du temps en espaces égaux, mèneraient* à retrouver sur un instrument les notes d'un air chanté, puis *à les écrire soi-même.* Dans une étude de si longue haleine, le temps que prendraient, au début, de tels exercices pourrait-il être regretté, si l'on donnait du plaisir autant que de l'occupation à l'oreille ?
>
> Mad. NECKER.

# MÉLONOME.

## MÉTHODE.

1 — Le Mélonome a pour objet d'enseigner le plus simplement possible le **chant populaire**. Au lieu de commencer par la *théorie*, comme on le fait très ordinairement, il exige d'abord la *pratique*. L'élève aura donc appris, avant tout, à chanter exactement quelques uns des airs placés en tête du *Mélonome*, sous le titre d'*Exercices*. Les nᵒˢ 1 à 25 sont disposés dans un ordre graduel pour servir à l'étude de la *mesure*.

### PREMIÈRE DIVISION.
### LA MESURE.

**Section I.** Mesure à 2 temps, Division binaire.
(Exercices *A—F*, nᵒˢ 1 à 6.)

2 — Quand le soldat marche au son de la musique, son pas *marque la mesure*. Nous aussi, ce sera en marchant, ou du moins en *marquant le pas* à la manière militaire, que nous nous familiariserons avec la mesure musicale.

3 —  **Exercice 1. Ah! te dirai-je, maman.**
(Mesure coupée en deux, *bissèquée*.)—Valeurs : *un et deux* temps.

On fait un pas pour chaque syllabe, excepté aux syllabes finales des deux premiers et des deux derniers vers : *man, ment, fant, man,* pour chacune desquelles on fait deux pas.

4 —*Temps et valeurs.*—Les durées égales mesurées par chaque pas sont ce qu'on appelle *un temps.* Chaque syllabe dure donc *un temps;* excepté les finales ci-dessus indiquées, qui durent *deux temps.*

Le langage musical emploie le mot *valeur* au lieu de *durée,* ainsi l'air nᵒ **1**, chanté comme nous venons de le faire, ne renferme que deux *valeurs de notes,* savoir : *un* temps et *deux* temps.

(Etude correspondante. *Mélodéon*, nᵒ 109, mesure bissèquée : *Cultiver la terre.*)

**Nota.** Dans nos renvois au *Mélodéon*, nous avons égard uniquement à la première partie, jamais aux parties d'accompagnement.

5 —  **Ex. 1. Ah! te dirai-je, maman.**
(Sans bissection de la mesure.) —Valeurs: *demi* et un temps.

On chantera cet air plus rapidement, en faisant un pas pour deux syllabes; excepté aux finales *man, ment, fant, man,* pour chacune desquelles on fait un pas.—L'air nᵒ 1 n'aura toujours que deux valeurs, savoir: deux notes pour un temps, chacune d'elles valeur *demi-temps;* et une note pour un temps, valeur *un temps.*

**6 —** *Temps fort.*—Deux temps, dans le genre de mesure que nous étudions, forment la MESURE.— Le premier temps de la mesure s'appelle le *temps fort;* la voix appuie sur ce temps plus que sur le deuxième, qui s'appelle le *temps faible.*

**7 —** On devra s'habituer à marquer le *temps fort,* dans la marche, avec le pied droit; le *temps faible* avec le pied gauche. Cela exige qu'on observe, au commencement de l'air, s'il débute par le temps fort, ou si c'est par le temps faible.—L'exercice 1, art. 5, commence par le temps faible.

(Etude correspondante. *Mélodéon*, n° 19, La Récréation: *Bons garçons.*—N° 65, Le Pain quotidien: *Quand de bon matin.*)

**8 —    Ex. 2. Astre étincelant.** (Mesure bisséquée.)
VALEURS: *demi, un* et *deux* temps.—DÉBUT: Temps fort.

On chantera deux notes en un temps, excepté les syllabes imprimées ci-dessous en *italique.* Ces syllabes durent chacune *un* temps, et celles qui sont en *capitales,* DENT, MEIL, VEIL, *deux* temps.

Astre étince*lant*, ton re*gard en-flam-me,*
Du vaste ori*ent* jusqu'à l'*oc-ci-*DENT.
*Tout* n'est sans *toi* que glace *et som-*MEIL;
L'*oi-*seau te *doit* son joy*eux ré-*VEIL.

**9 —    Ex. 2. Astre étincelant.** (Sans bisséquer la mesure.)
VALEURS: *quart, demi, un* temps.—DÉBUT: Temps faible.

On reprendra cet exercice pour le chanter d'un mouvement rapide: quatre notes pour le premier temps, ce sont des *quarts;*— puis, un *demi* et deux *quarts* pour le deuxième temps; etc.—Dans les vers écrits ci-dessus (art. 8), les syllabes imprimées en caractère ordinaire deviennent des *quarts* de temps; les syllabes en *italique,* des *demis;* les syllabes en CAPITALES, des valeurs *un* temps.

(Etude corresp. *Mélodéon*, n° 148, mesure bisséquée, Noël ou le jour fortuné: *Célébrons le roi de gloire.*)

**10 —    Ex. 3. Un beau jour s'achève.**
VALEURS: *demi, un, deux* temps.—Silence.—DÉBUT: Temps fort.

Nulle observation nouvelle, si ce n'est pour la fin. La dernière mesure se compose d'une syllabe valeur *un* temps, et d'un *silence* valeur *un* temps. On marque ce dernier temps sans chanter.

**11 —** *Notation rhythmique.*—En attendant que nous ayons acquis le moyen d'écrire la musique, nous pouvons convenir d'une notation de la mesure sur les paroles qu'on chante. En voici le modèle appliqué à l'Ex. 3:

| 1 | 2 | 1 | 2 | 1 | 2 | 1 | 2 |
|---|---|---|---|---|---|---|---|
| Un beau | jour s'a- | -chè - | ve, | Le so - | leil nous | fui - | *it.* |
| Mais au | ciel s'é- | -lè - | ve | L'astre | de la | nuit - | *it.* etc. |

On voit que nous renfermons chaque mesure dans deux traits qui coupent la ligne;—nous unissons par un *surlignement* les syllabes qui composent un seul temps (*voy.* 1re, 3e mesure);—nous redoublons, comme par écho, la syllabe qui doit durer deux temps, et cette répétition est en *italique*, ou soulignée (*voy.* 4e, 8e mesure). —Les numéros 1, 2 désignent le 1er et le 2e temps dans chaque mesure; mais cela n'est pas indispensable.

## 12 — Ex. 4. **J'ai de l'argent.**

VALEURS: *demi*, *un*, *un et demi*, *deux* temps.—Silence.—DÉBUT: **Temps fort.**

Le seul élément nouveau que présente cet exercice est la valeur *un et demi* (2e et 6e mesure): pour la rendre plus intelligible, on commencera par transformer cette 2e mesure en rendant égales les deux valeurs qui la composent, comme elles le sont à la 4e mesure.

|| 1   2 | 1   2 | 1   2 | 1   2 |
|| J'ai   de l'ar- | -gent, Que | ces mots   ont d'em- | -pi - re! |

Puis on reviendra à la composition réelle de cette 2e mesure :

|| 1   2 | 1   2 | 1   2 | 1   2 |
|| J'ai   de l'ar- | -gen - *ent*, Que | ces mots   ont d'em- | -pi - re! |

(Étude corresp. *Mélodéon*, n° 12, mes. bissées. La Marguerite : *Oh! combien j'aime à te voir*; ou n° 13.—N° 92, Distribution des prix : *O douce étude!*)

## 13 — Ex. 5. **Existe-t-il sur la terre?**

VALEURS: *quart*, *demi*, *trois quarts*, *un*, *un et demi*, *deux* temps.—Silence.—DÉBUT: Temps fort.

On fera bien de préparer le chant de cet exercice comme on l'a vu art. 12, en substituant deux valeurs *demi* aux valeurs *trois quarts* et *un quart*, dans lesquelles se décompose chacun des deux temps de la première mesure, et ainsi en continuant.—Puis on reviendra à la forme primitive, *trois quarts* et *un quart*. Le caractère sautillant que présente ce rhythme sera aisément saisi.

(Étude corresp. *Mélodéon*, n° 23, L'amour de la patrie : *Tant chérie*.)

## 14—Ex. 6. **Art divin, noble poésie.** (Mesure bisséquée.)

VALEURS: *quart*, *demi*, *trois quarts*, *un*, *deux* temps. — DÉBUT: Temps fort.

Même préparation qu'aux articles 12 et 13, si elle est encore nécessaire, pour l'analyse des temps composés de valeurs *trois quarts* et un *quart:* on les ramène d'abord à deux *demis.*

## 15 — Ex. 6. **Art divin, noble poésie.** (Sans bissection.)

VALEURS: *huitième*, *quart*, *trois huitièmes*, *demi*, *un* temps.—DÉBUT: Temps faible.

En accélérant le mouvement, on fait passer en *un* seul temps *deux* temps ou une mesure entière du rhythme adopté dans l'art. 14. Cela ne présente aucune difficulté au chanteur; il n'y a plus qu'à lui faire reconnaître qu'il a exécuté des *huitièmes*, *trois huitièmes*, *quart*, etc.

16 — *Battre la mesure à 2 temps.*—Il ne faut pas s'en tenir au

premier moyen que nous avons admis (art. 2) pour marquer la mesure.—La mesure à 2 temps se *bat* avec la main par un mouvement alternatif de haut en bas, c'est ce qu'on appelle *frapper ;* et de bas en haut, ce qu'on appelle *lever.* On frappe au temps fort, on lève au temps faible.—On peut aussi battre la mesure par un mouvement pareil de la pointe du pied.—On s'exercera beaucoup, même sans chanter, à battre avec précision la mesure à deux temps.

### Section II. Mesure à 2 temps, Division ternaire.

( Exercices *G—L*, nᵒˢ 7 à 12.)

**17 —          Ex. 9. Zéphyr, D'un soupir.**
VALEURS: *tiers, deux tiers.*—DÉBUT : en levant; frapper à la seconde syllabe.

On marquera la mesure soit en marchant, soit autrement (art. 16). Chaque temps renferme trois notes d'égale durée, ce sont des *tiers.* Les finales seules des phrases musicales ou des membres de phrase sont des notes d'une durée double, ou *deux tiers.* On rendra cette proportion sensible, en redoublant ces finales par écho: Berceau-*aux ;* péri-*ir ;* larcin-*in ;* beaux jou-*ours* (*voy.* art. 18).

**18 — Ex. 11. Bergers, avec vos chiens fidèles.**
VALEURS: *tiers, deux tiers, un* temps.—DÉBUT: Temps faible.

Notation rhythmique pour première analyse des temps :

|| Bergers, a - | - vè-ec vos chien-ens fi - | - dè - è - les Veillez sans |
|| cè-es-se à vo - os trou- | -peaux Le-e loup | rode, etc.. |

(Etude corresp. *Mélodéon*, nᵒ 1, Le Chant: *Oh ! oh ! redis, écho!*—ou 151, *Gai, gai; le jour de l'an.*—Nᵒ 38, La bonne Instruction: *Loin de transformer un enfant ;* ou 37.—Nᵒ 63, *Bon courage ;* ou 124.—Nᵒ 101, *La France est belle.*)

**19 —     Ex 12. La nuit sur la voûte étoilée.**
VALEURS: *tiers, deux tiers, un, deux* temps.—DÉBUT: En levant; frappez sur la 2ᵉ note.

Nul élément nouveau.—La valeur *deux* temps a été déjà étudiée (art. 3, 8, 10, etc.).

**20 —          Ex. 7. Du cor au fond des bois.**
VALEURS: *tiers, deux tiers, un* temps, *un et deux tiers.*—Silence.—DÉBUT: En levant; frappez sur la 2ᵉ note.

Notation rhythmique (le silence sera marqué par une croix †):

|| Du | co-or au fon-*ond* des | bois, A- | -mis, enten - dez-vous la |
|| voi - oi-oix? A | l'hô-o-te des-es fo- | rêts Por- | tant ses fu-nèbres ar- |
|| -rêts - êts? † | † En a- | -van-*ant*, cour - siers. Piqueurs, etc.

La valeur *un et deux tiers* est dans la 4<sup>e</sup> mesure, sur le mot *voix*.

(Etude corresp. *Mélodéon*, n° 83, Le vent du printemps. *Dans la forêt*; ou 67; ou 101.)

## 21 — Ex. 10. **Non, plus de guerre impie.**
VALEURS : *tiers, deux tiers, un temps, un et deux tiers.*
Mêmes éléments et même étude que dans l'exercice n° 7 (art. 20).

## 22 — Ex. 8. **Gais moissonneurs et moissonneuses.**
VALEURS : *tiers, deux tiers, un temps, sixième, trois sixièmes.*—DÉBUT : Temps faible.

L'élément nouveau dans cet air réside dans les valeurs *trois sixièmes*, et un *sixième* (en notation musicale *croche pointée et double croche*). Il se trouve à trois endroits sur le seul mot : *Tontaine.* —On usera du même procédé qu'aux art. 12, 13, 14, en réduisant à l'égalité ces valeurs inégales et contiguës.—Rhythme modifié :

Puis l'on ramènera le rhythme donné :

L'exécution n'a rien de difficile, et la comparaison de ces deux passages éclaire assez sur ce point; elle dispensera provisoirement d'analyse.

(Etude corresp. *Mélodéon*, n° 50, Adieu des Soldats : *Voyez du village*; ou n° 51.)

**23** — Ces douze premiers exercices auront procuré à l'élève une parfaite intelligence de la mesure à deux temps. Les autres espèces de mesure n'auront presque rien de nouveau à lui apprendre.

### SECTION III. Mesure à 3 temps, Division binaire.
### (Exercices M—Q. n<sup>os</sup> 14 à 17.)

**24** — Si l'on employait la marche ou le pas militaire (art. 2) pour marquer la mesure à trois temps, nous proposerions au maître de se pourvoir d'une troisième jambe, une canne, qui ne fonctionnerait que de trois en trois pas pour signaler le 1<sup>er</sup> temps de la mesure, le *temps fort* (art 6). Cela peut se pratiquer commodément.

**25** — Mais on devra ne pas tarder à *battre* la mesure à 3 temps selon l'usage adopté, que représente la figure ci-jointe : le 1<sup>er</sup> temps, *frappé* de haut en bas ;—le 2<sup>e</sup> temps, mouvement à *droite*; le 3<sup>e</sup> levé obliquement.—Qu'on s'exerce beaucoup de la main, comme aussi de la pointe du pied, à faire ces trois mouvements successifs avec précision.

**26 — Ex. 17 Quand sur mon front rayonnaient.**

VALEURS: *un*, *trois* temps.—DÉBUT: Temps fort.

Nulle difficulté d'exécution.—On fera sentir pour les premières fois, au moyen de redoublements par écho (art. 11 et 12), les trois temps passant sur une même note:

‖ Quand sur mon | front ray-on- | naient dix prin- | -tem-*em-emps*. |

**27 — Ex. 14. Vous trouvez-vous dans la détresse.**

VALEURS: *un*, *deux* et *trois* temps.—DÉBUT: Temps fort.

Même facilité, même procédé qu'à l'art. 26.

‖ Vous trouvez- | vou-*ou-ous* | dans la dé- | trè-*es*-se, | O mes a- | mi-*i-is*! |

**28 — Ex. 15. Sur les mortels, chose trop ordinaire.**

VALEURS: *un*, *deux*, *trois* temps.—Silence.—DÉBUT: Temps fort.

Nul élément nouveau.—A la 8ᵉ mesure, le mot *rien* dure deux temps. Le 3ᵉ temps se passe en *silence*.

(Etude corresp. *Mélodéon*, n° 30, *Bonjour*;—ou n° 33, *Bonsoir*.)

**29 — Ex. 13. Vois-tu là-bas, sur la colline.**

VALEURS: *demi*, *un*, *deux* temps.—DÉBUT: au 3ᵉ temps. Levez.

La valeur *demi* ne paraît qu'une fois; c'est dans la 17ᵉ mesure.

‖ Dans | l'un-*un* ha- | bi - *i* - te | l'o-o-pu- | len-ce et-*ct* | la-*a* dou- | leur, etc.

(Etude corresp. *Mélodéon*, n° 15, Le Champ du repos: *C'est là-bas, près du village*; ou n° 104. —N° 9, *Amis, donnons à l'orphelin*; ou n° 10.)

**30 — Ex. 16. Vous connaissez Mondor.**

VALEURS: *demi*, *un*, *un* et *demi*, *deux*, *trois* temps.—DÉBUT: Temps fort.

La valeur *un temps et demi* se trouve dans l'avant-dernière mesure.

‖ En ri - chesse | il a - *a* - | bon - de - *e*, Pour- | -quoi - *oi* - *oi* ? |

(Etude corresp. *Mélodéon*, n° 17, Le Pays: *Amis, voyez ces dons*; ou n° 16.—N° 25, Le petit Mendiant: *C'est pour ma mère*; ou 26.—N° 107, *Douce vertu*; ou n° 116.)

(On peut prendre aussi pour exemples dans cette section les numéros suivants du *Mélonome*: Ex. 32, 53, 64, 70, 97, 93, 109, 117; 66, 67, 73, 96, 101, 108.)

SECTION IV. Mesure à 3 temps, rapide.

(Exercices *R*, *S*, nᵒˢ 18, 19.)

31 — Il y a des mesures à trois temps dont le mouvement est si vif, qu'on aurait peine à marquer les temps l'un après l'autre. On se contente alors de *frapper* au 1ᵉʳ temps et de *lever* au 3ᵉ. Le 2ᵉ temps n'est point marqué.

## Ex. 19. Voyez, j'ai bien deux pieds, deux mains.

VALEURS: *un, deux* temps.

Cet air est une marche.—Chaque mesure marque un pas.—Nulle difficulté.

On pourrait fort bien de deux mesures n'en faire qu'une à deux temps, division ternaire (art. 17—22). Il en est de même de tous les airs en mesure à trois temps, rapide.

## 32 — Ex. 18. Ah! lorsque la mort trop cruelle.

VALEURS: *un, deux, trois, quatre* temps.—Silence.—DÉBUT: en levant.

Rien de nouveau à remarquer, si ce n'est la valeur *quatre* temps sur le mot *fils*. Elle embrasse plus d'une mesure et fait une impression particulière.

|   | 1 2 3 | 1  2  3 | 1 2 3 | 1 2 3 | 1  2  3 | 1 2 3 |
|---|---|---|---|---|---|---|
| Ah! | lorsque la | mort trop cru- | è - é - *el*- | -le ┼ En- | -le - va ce | fi - *i* - *i* - |

|   | 1 2 3 | 1  2  3 |
|---|---|---|
| -*ils* bien - ai - | -mé, ┼ Ja- | - cob, etc. |

(Autres exemples pour cette section: *Mélonome*, Ex. 19, 37, 116.

*Mélodéon*, n° 118. *Combien j'ai douce souvenance.*—Ou 119, Ma Mère. — N° 35, *Je suis berger.*— N° 136, *L'été s'enfuit.*)

### Section V. Mesure à 4 temps.
### (Exercices *T—Z*, nos 20 à 25.)

33 — La mesure à 4 temps n'est qu'un composé de deux mesures à 2 temps. Elle pourrait donc être remplacée par celles-ci; mais puisqu'on la conserve, nous apprendrons à la battre.

1er temps, *frappez* de la main; — 2e temps, mouvement à *gauche*; — 3e temps, à *droite*; — 4e temps, *levez*.—Il faut acquérir une telle habitude de ces mouvements, qu'ils n'exigent plus aucun effort ni aucune attention.

Quand on bat la mesure avec le pied, le *frappé* et le *levé* (1er et 4e temps) sont faits par le bout du pied; — les mouvements *gauche* et *droite* (2e et 3e temps), par le genou.

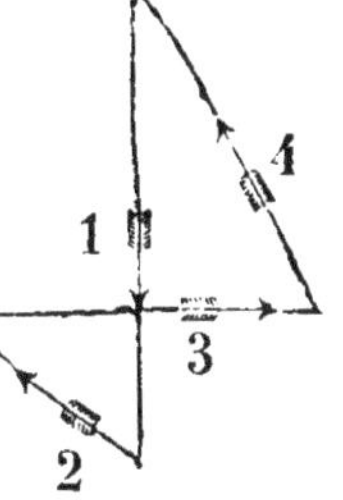


## 34 — Ex. 25. Venez, chants harmonieux.

VALEURS: *un* temps.—DÉBUT : Temps fort.

(Etude corresp. *Mélodéon*, n° 81, *O Dieu! ma vive prière.*)

## Ex. 20. On est, avec beaucoup d'or.

VALEURS: *un, deux* temps.—Silence.—DÉBUT : Temps fort.

Nulle difficulté.

(Étude corresp. *Mélodéon*, n° 66, *Maître bienfaisant du monde.*)

## 35 — Ex. 21. J'ai vu, pauvre colombelle.

VALEURS: *demi, un, un et demi, deux* temps.—Silence.—DÉBUT: Mouvement à droite, 3e temps.

Remarquons les valeurs *un et demi*, à la 2e, 4e, 6e, 8e mesure, etc.

| 3 | 4 | 1 | _2_ | 3 | 4 | 1 | 2 | 3 | 4 | 1 | _2_ | 3 | 4 |
J'ai vu, | pau-*au*-vre co-lom- | -bel-le, Le doux | frui-*it* de ton a-

| 1 | 2 | 3 | 4 | 1 | _2_ | 3 | 4 | 1 | 2 | 3 | 4 |
- mou - *our* Qu'en - le- | -vai - *ait* à ti - re | d'ai - le Un af-

| 1 | _2_ | 3 | 4 | 1 | 2 3 | 4 | 1 | 2 | 3 4 |
-freu-*eux*, af-freux vau- | -tour. † † Sous la | sè - *er* - re dé-chi -

| 1 2 3 | _4_ | 1 | _2_ | 3 | 4 |
-ran-te † J'enten- | -dai-*ais* sa voix mou- | -rante, etc.

(Étude corresp. *Mélodéon*, n° 100, Le Frère d'armes: *J'avais un camarade.*—N° 148, Noël: *Célébrons le roi de gloire.*—N° 86, La main de l'Éternel. — N° 147, Noël: *Quel chant divin se fait entendre?*— N° 120, Le Laboureur: *Voici le soir.*—N° 134, Joseph: *Aux honneurs qu'en vain je possède.*)

## 36 — Ex. 22. **Dans vos douleurs.**

Valeurs: *quart, demi, un, un et demi, deux* temps.—Début: au 3° temps;—droite.

Le seul élément nouveau est la valeur un *quart*. Il ne se trouve que dans deux mesures, et c'est le même passage répété, sur les mots *sévère* et *père*.—On pourrait, comme transition, modifier les valeurs de la manière suivante:

Puis on rétablirait la dernière mesure :

Mais il ne serait pas à propos d'en entreprendre autrement l'analyse, jusqu'à ce qu'on soit en possession d'une écriture musicale.

## 37 — Ex. 23. **Ni les combats, ni les victoires.**

Valeurs: *quart, trois quarts, un, un et trois quarts, deux* temps.—Silence.—Début: fin du 3° temps;—droite.

Le procédé d'analyse de cet air sera le même que pour l'Ex. 22 (art. 36). La transformation préparatoire consistera dans la substitution de simples *croches* à toutes les croches pointées et aux doubles croches;—et de *noires* à toutes les noires pointées et aux croches. — Après avoir chanté l'air ainsi transformé, on reprendra le rhythme primitif, dont les valeurs inégales produisent ce sautillement déjà connu de nous.

## 38 — Ex. 24. **Hommes puissants, rois de la terre.**

Valeurs: *quart, demi, trois quarts, un, deux* temps—Silence.—Début: au milieu du 3° temps;—droite.

Même transformation préparatoire qu'aux articles 36, 37.

(Autres exemples pour cette section: *Mélodéon*, n° 102 — 28, 51, 52, 75, 79, 85, 90, 129 — 95, 123.)

## Section VI. Du Mouvement et du Rhythme.

39 — Les airs peuvent être chantés avec plus ou moins de rapidité, comme nous l'avons vu art. 3 et 5; art 8 et 9. Le degré de vitesse convenable est ordinairement indiqué par un mot écrit en tête de la musique. Voici la liste des désignations les plus usitées.

MOUVEMENTS LENTS, à commencer par les plus lents :
*Largo* (largement) ; — *Maestoso* (majestueusement) ; *Adagio* (posément) ; — *Andante* (modérément lent) ; — *Andantino.*

MOUVEMENTS MODÉRÉS ET RAPIDES, dans le même ordre :
*Allegretto* ; — *Allegro* (joyeusement) ; — *Presto* (vite) ; — *Vivace* ; — *Prestissimo* (très vite).

On a recours aussi à un instrument ingénieux appelé le *Métronome* (ou régulateur de la mesure), dont les battements plus ou moins rapides correspondent à des numéros qui servent à les indiquer.

40 — Le genre de mesure et la distribution des éléments dont la mesure se compose est ce que l'on appelle le *rhythme* de l'air. Il serait utile d'avoir une nomenclature régulière et concise des différents genres de mesure et des combinaisons principales des *valeurs* qui les constituent. Nous proposons les dénominations suivantes, dont nous aurons plus tard à faire usage.

| DÉFINITIONS. | DÉNOMINATIONS. | SIGNES ABRÉVIATIFS |
|---|---|---|
| MESURE A 2 TEMPS simples. Valeurs: *un, deux* (*voy.* art 3) . . . . . . | BINE . . . . . . | *b.* |
| — à 2 temps *binaires.* Valeurs: *demi, un,* etc. (art. 5, 8, 10, 12). . . | BINOBINE . . . | *bb.* |
| — à 2 temps, division et subdivision *binaires.* Valeurs: *quart, demi, trois quarts, un,* etc. (art. 9, 13, 14) . . . . . . . . . | BIFIBINOBINE . | *bbb.* |
| — à 2 temps *ternaires.* Valeurs: *tiers, deux tiers, un.* etc (art. 17–21) | TRINOBINE . . | *tb.* |
| — à 2 temps *ternaires,* subdiv. *binaire.* Valeurs: *sixième, tiers, trois sixièmes,* etc. (art. 22) . | BIFITRINOBINE . | *btb.* |
| MESURE A 3 TEMPS simples. Valeurs: *un, deux, trois* (art. 26–28. 31. 32) | TERNE. . . . . . | *t.* |
| — à 3 temps *binaires.* Valeurs: *demi, un, trois demis,* etc. (art. 30) . | BINOTERNE . . | *bt.* |
| — à 3 temps, divis. et subdiv. *binaires.* Valeurs: *quart, demi, trois quarts.* etc. . . . . . . . . | BIFIBINOTERNE | *bbt.* |
| MESURE A 4 TEMPS simples. Valeurs: *un, deux, trois, quatre,* etc. (art. 34) . . . . . . . . . . . | QUATRE. . . . . | *q.* |
| — à 4 temps *binaires.* Valeurs: *demi, un, trois demis,* etc. (art. 35) | BINOQUARRE . | *bq.* |
| Et ainsi de suite : *bbq,* etc. | | |

# DEUXIÈME DIVISION.
## L'ÉCRITURE MUSICALE EN CHIFFRES.

**41** — On ne pourrait aller loin dans l'étude raisonnée d'une langue, si l'on ne savait la lire et l'écrire. Il en est de même de la musique. Il nous faut donc une écriture musicale. Si nous avions à l'inventer, rien ne nous paraîtrait plus simple que de numéroter les sons musicaux, pris dans un ordre convenu, et de nous servir des numéros pour désigner les sons. C'est la *notation en chiffres*. Ne la dédaignons pas, et acceptons les services qu'elle nous offre au moins pour le commencement.

§ 1. Les tons de la gamme.

**42** — *La Gamme.* — L'ordre primitif et convenu des sons musicaux compose un air qu'on appelle la *gamme*. Il faut l'apprendre.

|  | | | | | | | | |
|---|---|---|---|---|---|---|---|---|
| GAMME ASCENDANTE. | *do* ou UT | RÉ | MI | FA | SOL | LA | SI | UT ou *do* |
| | 1 | 2 | 3 | 4 | 5 | 6 | 7 | 1̇ |
| | A-t-on | l'art | de | vous | di – | ver-tir? | | |
| GAMME DESCENDANTE. | *do* ou UT | SI | LA | SOL | FA | MI | RÉ | UT ou *do* |
| | 1̇ | 7 | 6 | 5 | 4 | 3 | 2 | 1 |
| | De | cet | air – | ci | tout | va | sor - tir. | |

Il faut savoir parfaitement les noms usuels des notes, dans l'ordre ascendant et descendant de la gamme, comme on sait les noms et l'ordre des lettres de l'alphabet. — On s'exercera aussi, sur tout air noté en chiffres, à traduire instantanément le chiffre dans le nom de la note, ou le nom de la note dans le chiffre correspondant.

**43** — Si l'on veut faire quelques exercices sur la gamme, on pourra s'appliquer à reconnaître à l'audition la gamme ascendante dans l'Ex. 49, *Adieu, frimas et froidure!* — la gamme descendante dans les Ex. 17, *Quand sur mon front;* — 20, *On est, avec beaucoup d'or,* — et 83 *d I* (sans paroles). — On solfiera l'Ex. 7, *Du cor au fond des bois*, qui marche diatoniquement (*voy.* art. 73), hormis une légère exception.

**44** — *L'Octave.* — La huitième note de la gamme a le même nom *ut* que la première, et le même signe 1, distingué par un point au-dessus. Les deux *ut* se ressemblent en effet dans l'intonation; quand un homme chante successivement l'*ut* d'en bas et l'*ut* d'en haut, ce dernier semble être l'*ut* d'en bas chanté par une voix de femme ou d'enfant. On peut vérifier le fait. — Les notes à huit degrés d'intervalle s'appellent l'*octave* (huitième) l'une de l'autre. La voix des femmes et des enfants est d'une octave plus élevée que celle des hommes.

Les huit notes dont se compose la gamme, de l'*ut* d'en bas à l'*ut* supérieur, s'appellent aussi *une octave.*

**45** — *Extension de la gamme.*— On voit qu'à partir de l'*ut* d'en haut, on peut former une seconde octave; les chiffres indicateurs des sept notes devront être alors tous surmontés d'un point.

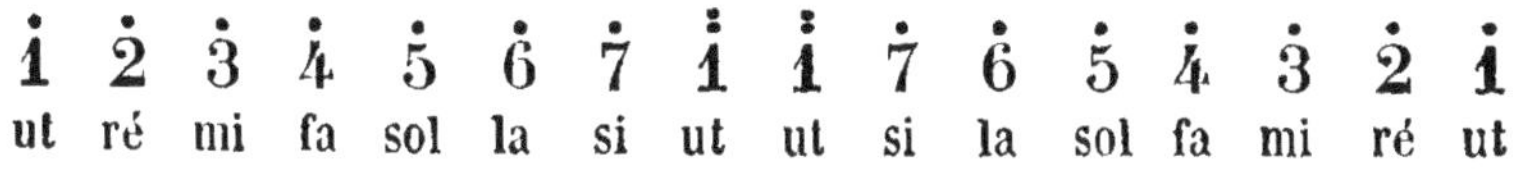

$$\dot{1} \quad \dot{2} \quad \dot{3} \quad \dot{4} \quad \dot{5} \quad \dot{6} \quad 7 \quad \ddot{1} \quad \dot{1} \quad \dot{7} \quad \dot{6} \quad \dot{5} \quad \dot{4} \quad 3 \quad \dot{2} \quad \dot{1}$$

ut   ré   mi   fa   sol   la   si   ut   ut   si   la   sol   fa   mi   ré   ut

Comme aussi l'on peut concevoir, au-dessous du premier *ut*, une autre octave dont les chiffres seraient distingués par un point en dessous :

$$1 \quad \underset{.}{7} \quad \underset{.}{6} \quad \underset{.}{5} \quad \underset{.}{4} \quad \underset{.}{3} \quad \underset{.}{2} \quad \underset{.}{1}$$

Nos sept chiffres nous donnent le moyen de noter commodément trois octaves; c'est plus qu'il n'en faut pour la musique vocale.

**46** — Il y aura à noter d'autres intonations que celles qui forment la gamme. (*Voy.* ci-après, art. 75, 76, *Notes altérées*).

### § 2. La Mesure et le Rhythme.

**47** — Nous avons déjà appliqué aux paroles mêmes des airs (art. 11, 12, 18, 20), un mode de notation de la mesure qui s'adapte très bien aux signes de l'écriture musicale.

1<sup>re</sup> *règle.* On renferme entre deux barres perpendiculaires à la ligne tout ce qui compose une seule *mesure* (art. 6).

2<sup>e</sup> *règle.* On écrit à côté les unes des autres, tout simplement, les notes dont chacune vaut *un temps* (*voy.* Ex. 25, 97).

3<sup>e</sup> *règle.* Plusieurs notes qui vaudront ensemble un temps seront réunies sous un même trait, que nous appellerons *trait unitaire.* —Le temps se subdivise en parties égales entre ces notes. S'il y a deux notes, ce sont des *demi*-temps; s'il y en a trois, ce sont des *tiers*, etc.

**48** — Exemple. Analyser et chanter l'air suivant :

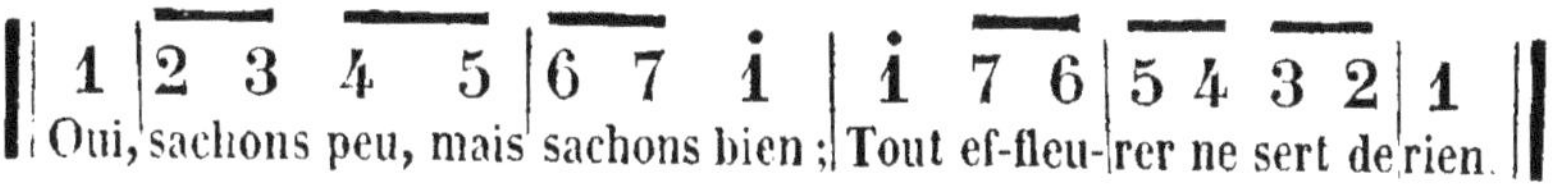

| 1 | 2 3 4 5 | 6 7 1 | 1 7 6 | 5 4 3 2 | 1 |
|---|---------|-------|-------|---------|---|
| Oui, | sachons peu, mais | sachons bien ; | Tout ef-fleu- | rer ne sert de | rien. |

**49** — *Lecture rhythmique.*—Un air étant noté en chiffres, on peut lire en mesure les noms des notes, sans les chanter : c'est ce qu'on appelle *lecture rhythmique*. On l'emploie quand on veut chanter un air qu'on ne connait pas encore. Cet exercice préparatoire est fort utile; l'élève est déjà en état de l'appliquer aux airs dont la notation ne dépend que des trois premières règles (art. 47). Tels sont, mesure *bb*. (art. 40 : Ex. 50, 88;—*t*. Ex. 97;—*bt*. Ex. 26, 77, les deux premières reprises;— *q*. Ex. 25.

(Etude corresp. *Mélodéon*, n° 19, 65.)

**50** — *4ᵉ règle*. Le silence s'exprime par un *zéro*.—La prolongation du son d'une note s'exprime par un *point* . à la suite de cette note.—Le *zéro* et le *point* ont la même valeur ou durée qu'une *note* qui serait dans la même situation.

Chantez la gamme ainsi rhythmée :

|| 1 | 2   3 | 4   .   5 | 6   .   7 | i   .   |
| En- | tends   nos | voix   du | haut   des | cieux. |

|| 0   i | 7   6 | 5   .   4 | 3   .   2 | 1 ||
| Dieu | de   bon- | -té,   re - | -çois   nos | vœux. ||

**51** —Faites la lecture rhythmique des Exercices suivants : mesure *binobine*, Ex. 74;—*trinobine*, Ex. 30, 35, 54, 63, 87, 100, 124;—*t*. et *bt*., Ex. 32, 37, 53, 66, 70, 73, 101, 108, 117;—*q*. et *bq*., Ex. 20, 21, 38, 51, 52, 86, 129.

Nota. Dans la lecture rhythmique, on nomme le silence *chut!* ou seulement *ch!*

(Etude corresp. *Mélodéon*, nᵒˢ 22, 29, 33, 40, 45, 47, 49, 51, 55, 57, 60, 63, 75, 77, 79, 81, 83, 116, 119, 123, 136.)

**52** — *5ᵉ règle*. Quand un *demi*-temps ou un *tiers* doit être subdivisé, les notes qui composent ce *demi* ou ce *tiers* sont liées par un second trait supérieur, *trait sous-unitaire*.—Le *demi* ou le *tiers* de temps se distribuent en parts égales entre ces notes.

**53** — Faites la lecture rhythmique des Exercices suivants, mesure *bbb* (art. 41), Ex. 27, 33, 36, 77, 84, 104, 120, 126, 128;— *bbt*., Ex. 29;—*bbb*. et *bbt*., Ex. 118 *bis*;—*btb*., Ex. 130.

(Etude corresp. *Mélodéon*, nᵒˢ 31, 41, 69, 71, 88, 126, 141.)

**54** — *Etudes rhythmiques*.—Pour se familiariser pleinement avec la notation rhythmique, l'élève devra s'appliquer fréquemment à la *lecture rhythmique* (art. 49, 51, 53).

Il doit s'exercer aussi à résoudre les deux genres de problèmes suivants :

1° *Etant donné un air noté en chiffres:* Dire quelle est la mesure—puis analyser la 1ʳᵉ mesure;—la deuxième, etc. (dire la valeur de chaque note et de chaque silence).

2° *Ecrire en chiffres sous dictée* une mesure à 2 temps, à 3 temps, etc., composée comme suit : mesure à **2** temps, ut, *un* temps; ré, *trois quarts* de temps; mi, *quart* de temps, savoir : || 1   2 . 3 |

—Et telle autre combinaison que l'on voudra dicter.

55 — Avant d'enseigner l'écriture usuelle de la musique, c'est-à-dire la *notation sur la portée*, il convient de familiariser l'élève avec l'emploi de la notation en chiffres, et, par celle-ci, avec la musique écrite. Ce sera l'objet de la troisième Division. On pourra, du reste, l'abréger autant qu'on voudra.

## TROISIÈME DIVISION.
### L'INTONATION.

SECTION I. Etude de quelques notes.

§ 1. **Les trois notes 1, 2, 3 ( *Ut* à *Mi* ).**

56 — Si nous savons bien la gamme (art. 43, 48, 50), nous devons parvenir aisément à en reconnaître les sons dans des airs simples et peu variés. Il y a quelques airs de trois notes; prenons-les d'abord pour sujet d'étude :

### Ex. 3. **Un beau jour s'achève.**

Les quatre premiers vers de cet air n'emploient que les trois notes 1, 2, 3. En voici la notation en chiffres :

$$\| \overline{1\ 1}\quad \overline{1\ 2}\ |\ 3\quad 2\ |\ \overline{1\ 3}\quad \overline{2\ 2}\ |\ 1\quad \cdot\ \|$$

$$\| \overline{1\ 1}\quad \overline{1\ 2}\ |\ 3\quad 2\ |\ \overline{1\ 3}\quad \overline{2\ 2}\ |\ 1\quad \cdot\ \|$$

57 — *Série d'exercices.* — Sur ces phrases musicales, et de même sur tout air que nous étudierons, nous avons à pratiquer successivement les divers exercices suivants :

1. Lecture rhythmique.
2. Solfier (chanter l'air en nommant les notes).
3. Chanter les paroles sur l'air.
4. A l'audition de l'air, nommer les notes.
5. A l'audition de l'air, l'écrire en chiffres.

Cela nous représente *cinq actes*. Nous les appellerons de ce nom.

C'est en retournant ainsi dans tous les sens la même pensée que l'on parviendra à savoir la musique comme on sait une langue : on la parle, on la lit, on l'écrit d'inspiration ou sous dictée.

58 — *Manière de faire ces actes.* —

### Ex. 26. *b A.* **Voix douce et chérie.**
MESURE : *tb.* — VALEURS : *tiers, un temps.*

On fera sur cet air les *cinq actes* spécifiés dans l'art. 57.

Pour le 2ᵉ degré, *la solmisation*, on commence toujours par chanter une gamme ascendante et descendante (art. 43 ou 48; *voy.*

aussi 78, « *Oui, sachons peu, mais sachons bien; Tout effleurer ne sert de rien.* ») Cela remet en mémoire l'intonation des différentes notes dont l'air est composé.

Pour le 3e degré, *chanter les paroles;* il est utile d'avoir lu les paroles d'avance, et de les savoir un peu par cœur.

Pour le 4e degré, *deviner les notes de l'air chanté;* il faut que quelqu'un *vocalise* l'air, c'est-à-dire émette les sons sans paroles, et s'arrête à chaque repos musical, si léger qu'il soit, afin que l'élève dise les notes de la phrase chantée.

Pour le 5e degré, *noter l'air chanté;* l'élève a deux travaux successifs à faire: 1° écrire les notes, 2° la mesure. Il fera bien de ne songer à la mesure que quand il aura trouvé toutes les notes.

59 — Appliquer les *cinq actes* à l'Ex. 27, *b B.* — MESURE *bbb.* — VALEURS: *quart, demi, un, deux* temps.

Le 3e degré manquera, faute de paroles à chanter sur cet air.

60 — Appliquer les *cinq actes* à l'Ex. 28: *O songes riants, ô jeunesse!* — Il faudra intervertir les *actes,* puisque cet air n'est pas noté en chiffres. — On fera donc d'abord le 4e *acte: A l'audition de l'air, nommer les notes;* — puis le 5e: *A l'audition de l'air, l'écrire en chiffres.* — Après quoi les *actes* 1, 2 et 3 seront devenus possibles, si l'on juge encore utile de les pratiquer.

61 — *Le Méloplaste.* — Le maître et l'élève peuvent multiplier indéfiniment les exemples. On écrira sur le tableau noir les trois notes 1, 2, 3; le maître muni d'une baguette désignera du bout l'une des notes; aussitôt l'élève la chantera et en soutiendra le son jusqu'à ce que la baguette se porte sur une autre note. — Ce genre de gymnastique vocale a été désigné sous le nom de *Méloplaste,* et a donné son nom à une méthode d'enseignement justement renommée.

§ 2. Les quatre notes 1, 2, 3, 4 (*Ut* à *Fa*).

62 — Ex. 29. **Puissent un jour, ô France, ô ma patrie!**
MESURE *bbl.* — VALEURS: *quart, trois quarts, un, un et trois quarts, deux, trois* temps.

On opérera sur cet air les *cinq actes.* — Le 1er, la *lecture rhythmique* pourra être un peu difficile, l'analyse de la mesure étant quelquefois compliquée.

63 — On trouverait encore quelques fragments d'air renfermés dans l'espace des quatre notes 1, 2, 3, 4. De ce nombre sont:

(En *fa*) Ex. 7, *Du cor au fond des bois:* les 4 premiers vers, ou les 8 premières mesures. — (En *sol*) Ex. 10, *Non, plus de guerre impie:* les 4 premiers vers, ou les 8 premières mesures. — (En *si♭*) Ex. 31, *b E:* la 1re reprise, ou les 12 premières mesures.

NOTA. Tous ces airs ne sont pas notés en chiffres. Il faudrait donc commencer, à leur égard, par les actes 4 et 5, comme il est dit art. 60.

64 — Mais la source la plus féconde d'exercices sur les quatre

notes **1—4**, sera le *Méloplaste*, ou la gymnastique du Tableau (art 61).

### § 3. Les cinq notes de 1 à 5 (*Ut* à *Sol*).

**65** — Si l'on veut suivre encore quelque peu cette marche, et reculer progressivement les bornes de l'intonation, on choisira dans les limites de *ut* à *sol* :

Ex. **2**, *Astre étincelant.* — **7**, *Du cor au fond des bois* (*voy.* art. 63). Ici, l'air tout entier. — **30**, *b F*, air en chiffres. — **33**, *Honneur à la musique!* — **47**, *Fille des cieux, séduisante espérance.*

Les Ex. **2, 7, 47**, ne sont pas notés en chiffres. — On commencera pour eux par le 4ᵉ acte (art. 60).

( Étude corresp. *Mélodéon*, nᵒˢ 18, 19.)

### § 4. Les six notes de 1 à 6. (*Ut* à *La*).

**66** — Dans les limites de *ut* à *la* on étudiera :

Ex. **1**, *Ah! te dirai-je, maman.* — **13**, *Non, plus de guerre impie* (*voy.* art. 63). Ici, l'air tout entier. — **59**, *c I.* — **70**, *c T*, en chiffres.

Les trois premiers exercices sont écrits sur la portée, et non pas en chiffres. — Commencer pour eux par le 4ᵉ acte (art 60).

(Étude corresp. *Mélodéon*, nᵒˢ 1, 12, 14, 61, 68, 120, 130, 136, 138.)

**67** — On ne négligera pas, dans ces §§ 3 et 4, le précieux secours du *Méloplaste*, qui multiplie à l'infini les sujets d'étude (art. 61).

Mais l'extension de l'espace parcouru par les voix donne lieu de faire des comparaisons importantes sur les sons de la gamme. Nous aurions pu les aborder avant le champ d'étude tracé dans ces articles.

#### Section II. Notions des intervalles.

##### § 1. Analyse de la gamme.

**68** — *Deux moitiés de l'octave.* — Les quatre premières notes de la gamme, 1 2 3 4, forment une mélodie, un air; on le retrouve tout pareil dans les quatre notes suivantes : 5 6 7 1. C'est ce qu'il faut s'attacher à bien reconnaître; en voici le moyen : une voix commencera par chanter posément 1 2 3 4 (*ut, ré, mi, fa*), et, après un léger repos, fera entendre le 5 (*sol*) — Une autre voix répétera l'intonation du *sol* en nommant 1 (*ut*), et, à partir de là, continuera jusqu'au *fa* 1 2 3 4. Cette seconde voix n'aura pas émis d'autres sons que n'aurait fait la première en continuant la gamme de *sol* à *ut* supérieur 5 6 7 1.

**69** — *Tétracordes.* — Chacune de ces deux moitiés d'une octave est ce qu'on appelle un *tétracorde* (quatre cordes). On distingue donc, dans l'étendue d'une octave, de 1 à 1, deux *tétracordes* semblables et successifs $\begin{Bmatrix} 1 & 2 & 3 & 4 \\ 5 & 6 & 7 & 1 \end{Bmatrix}$ (*voy.* art. 73).

6.

**70 — *Intervalles de la gamme.*** — Ce qui fait la ressemblance de ces tétracordes, et le caractère mélodique de la gamme, ce n'est pas seulement la différence d'intonation entre *ut* et *ré*, entre *ré* et *mi*, entre *mi* et *fa*, etc., c'est aussi l'inégalité sensible de ces différences. Entre *mi* et *fa*, entre *si* et *ut*, l'intervalle est moins grand qu'entre deux autres notes consécutives.

**71 — *Tons et demi-tons.*** — L'intervalle ou la différence d'intonation entre deux notes consécutives de la gamme s'appelle *un ton;* excepté entre *mi* et *fa*, et entre *si* et *ut :* ces deux intervalles sont appelés des *demi-tons.*

**72 — *Composition de la gamme.*** — La gamme, dans l'étendue d'une octave, se compose donc de sept intervalles inégaux, cinq *tons* et deux *demi-ions* placés dans l'ordre suivant : *deux* tons, *un* demi-ton; *trois* tons, *un* demi-ton. (Vérifiez-les et désignez-les : de *ut* à *ré*, un ton, etc.)

**73 — *L'Échelle diatonique.*** — L'ordre des notes de la gamme, soit en montant, soit en descendant, s'appelle l'ordre *diatonique.*

On peut figurer aux yeux l'inégalité des intervalles diatoniques, ou degrés conjoints (art. 78), en représentant la gamme par une échelle; les notes successives de la gamme en forment les échelons.

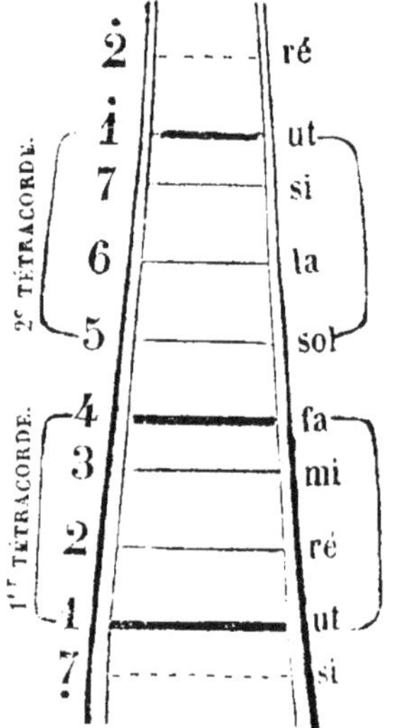


**74 — *Caractère propre de plusieurs notes de la gamme.*** — L'*ut*, par lequel commence et finit la gamme, est la seule note qui, dans un air formé avec cette gamme, termine le sens musical. C'est par cette note que tout air doit finir. On la nomme la *tonique.* — Du *si*, la voix tend à monter vers l'*ut* dont il n'est séparé que d'un demi-ton; le *si* annonce donc et fait pressentir la tonique. On l'appelle la note *sensible.* — Du *fa*, au contraire, la voix est disposée à descendre sur le *mi*, où le sens musical trouve un repos suspensif. — Ces observations sont utiles pour faciliter l'intonation du *si* et du *fa*, dans les intervalles un peu étendus. On entonne le *si* en pensant à l'*ut*, plus facile à saisir; on entonne le *fa* en pensant au *mi*.

**75 — *Notes altérées. Les dièses.*** — Il y a moyen de faire entendre un son musical intermédiaire entre l'*ut* et le *ré*. On l'écrirait en coupant l'*1* par un petit trait ascendant, qu'on appelle un *dièse*, et la note *♯* s'appelle *ut dièse.* L'*ut dièsé* est d'un demi-ton au-dessus de l'*ut*. On expliquerait de même *sol dièse ♯*; *fa dièse ♯*.

**76 —** *Le bémol.* — On pourrait en descendant la gamme, placer un son musical entre le *si* et le *la*; ce serait le *si abaissé* d'un demi-ton, ou le *si bémol* ainsi écrit ♭. On comprendrait de même ♭, ♭, etc. Le *mi bémol*, le *la bémol* sont d'un demi-ton au-dessous du *mi* naturel et du *la* naturel.

**77 —** *Dièses et bémols synonymes.* — Quand le *ré* s'élève d'un demiton par le *dièse*, ou quand le *mi* s'abaisse d'un demi ton par le *bémol*, il est aisé de voir qu'ils se rencontrent.

*Ré dièse* ♯, est la même chose que *mi bémol* ♭.

*Autres synonymies.* — Le *mi* et le *si*, qui ne sont qu'à demi-ton d'intervalle de la note supérieure *fa* ou *ut*, ne peuvent être *diésés* sans se confondre avec cette note. — Par une raison semblable, le *fa* bémol et l'*ut* bémol se confondraient avec *mi* et *si* naturels.

### § 2. Intervalles.

**78 —** *Dénominations.* — Les intervalles de deux notes consécutives de la gamme, s'appellent *degrés conjoints* (art. 73), ou *secondes*. exemple de *ut* à *ré*, de *mi* à *fa*. — Les autres intervalles se nomment *degrés disjoints*, par exemple de *ut* à *mi*, de *ré* à *la*, etc.

On appelle *tierce* l'intervalle qui embrasse trois notes consécutives de l'échelle, tels sont ceux : d'*ut* à *mi* (il y a *ré* entre deux ); de *ré* à *fa*, etc., ou réciproquement.

On comprend, d'après ces premières notions, quels seraient les intervalles désignés sous les noms de *quarte*, de *quinte* (cinquième ), de *sixte*, de *septième*, d'*octave* (huitième ) (art. 44).

**79 —** *Intervalles majeurs, mineurs.* — Il y a inégalité entre les intervalles de même nom (art. 70, 71). On nomme *secondes majeures* les secondes qui sont d'un ton, et *mineures* celles qui sont d'un demi-ton ( *mi—fa; si—ut*).

Les *tierces majeures* sont celles qui embrassent deux tons entiers; les *tierces mineures*, celles qui n'embrassent qu'un ton et demi. ( Nommez toutes les tierces mineures et les tierces majeures).

Nous ne pousserons pas plus loin ces définitions.

### § 3. Accords. — L'accord parfait.

**80 —** *Accords.* — Il est des notes qui, chantées en même temps, produisent une sensation très agréable ; c'est ce qu'on exprime sous le nom d'*accord*. L'emploi de ces accords, sur quoi repose la musique à plusieurs parties, vocales ou instrumentales, constitue l'*harmonie*.

**81 —** *Accord parfait.* — L'accord le plus plein, le plus satisfaisant pour l'oreille, est celui que produisent les trois notes 1 3 5 : la *tonique*, sa *tierce* et sa *quinte*. Cet accord est nommé l'*accord parfait*. On y joint ordinairement le second *ut*, *octave* de la tonique.

Pour faire l'essai de cet accord, les voix seront divisées en quatre groupes. Tous entonnent l'*ut* d'en bas. A un signal donné, trois groupes passent au *mi*, l'autre continue de chanter l'*ut ;* — A un nouveau signal, deux des trois groupes passent au *sol*, les autres continuent leur *ut* et leur *mi* ; — puis un groupe passe à l'*ut* d'en haut, les autres continuent chacun leur note.

**82** — Les notes de l'accord parfait méritent d'être distinguées entre toutes. Elles ont reçu des noms particuliers. La plus basse, 1, est la *tonique ;* la plus élevée, 5, est la *dominante* (on ne compte pas l'*octave*, qui n'est pas indispensable); — la note intermédiaire, 3, s'appelle *médiante*. Les autres notes de la gamme sont désignées par leur proximité avec celles-là. *Fa* est la sous-dominante, etc.

**83** — On emploie aussi les notes de l'accord parfait, chantées successivement, comme une sorte d'abréviation de la gamme, pour se préparer au chant d'un morceau (art. 58).

| 1 | 3 | 5 | i | | i | 5 | 3 | 1 | | 1 | 3 | 5 | i | | i | 5 | 3 | 1 |

Du bas en haut, du haut en bas, Que ces  ja-lons  gui-dent nos pas !

(*Voy.* l'Ex. 79 *d D*, qui commence par les notes de l'accord parfait.)

**84** — Voici un air composé uniquement de la gamme et des intervalles successifs de l'accord parfait.

| 0 | 1 | 3 | 5 | i · | · i | 5 | 3 | 1 · | · 1 | 2 | 3 |
|---|---|---|---|-----|-----|---|---|-----|-----|---|---|
| Bien | a | -bré | -ger, | | C'est | mé- na - | ger | | L'é- | tof- fe | |

| 4 5 | 6 7 | i 5 | 3 · | 1 · | 0 | 1 | 3 | 5 | i · |
|-----|-----|-----|-----|-----|---|---|---|---|-----|
| dont | la | vie est | fai - -. te ; | | | Quatre | é -che- | lons, | |

| · i | 5 | 3 | 1 | 1 | 3 | 5 | i 7 | 6 5 | 4 3 | 2 · | 1 · |
|-----|---|---|---|---|---|---|-----|-----|-----|-----|-----|
| Si | nous vou- | lons, Four- | niront | | la | | cour- | se com | -plè - | te. | |

**85** — On chantera aussi l'air suivant, où les notes de l'accord parfait sont interverties et forment d'autres intervalles.

| 0 | 1 | 3 | 5 | i · | 0 i | 5 | 3 | 1 · | · 1 | i | 7 |
|---|---|---|---|-----|-----|---|---|-----|-----|---|---|
| Ac- | cord par | -fait, | | | Ah ! | quel bien- | fait ? | | Tré- | sor du | |

| 6 5 | 4 3 | 2 · | 1 · | 0 1 | 5 3 | i · | 0 3 |
|-----|-----|-----|-----|-----|-----|-----|-----|
| foy-er | do-mes | -ti - - | que ; | Mais | sur vos | pas, | S'il |

| 5 | 1 | 3 · | · 5 | 3 1 | 5 | i | 5 3 | 2 · | 1 · |
|---|---|-----|-----|-----|---|---|-----|-----|-----|
| manque, hé -las ! | Qu'il | règne au | moins dans | la | mu | -si - - | que. | | |

86 — Les intonations de l'accord parfait se gravent vite dans la mémoire. Il est bon d'en profiter pour arriver plus aisément à la pratique des intervalles qui résultent des combinaisons diverses de ces intonations.

### § 4. Exercices sur les notes de l'accord parfait.

87 — *Analyse mélodique.*— Nous commencerons ici d'user d'une sorte de sténographie qui nous épargnera bien des phrases. Le titre des airs que nous proposerons pour exercices sera suivi d'une *analyse mélodique* indiquant le genre de *mesure*, d'après les désignations convenues (art. 41); — les *limites* extrêmes de l'intonation, c'est-à-dire la note la plus basse et la note la plus haute: cette donnée est utile pour choisir l'intonation de la *tonique ut*, et pour ne pas sortir de la portée des voix qu'on exerce; — et enfin les *intervalles*, en commençant par ceux que donnent les notes de l'accord parfait, et continuant par les *tierces*, les *quartes*, etc.—Nous marquerons aussi les *accidents* ou notes altérées (art. 75, 76).

Les élèves devront être exercés, quand il en sera temps, à faire eux-mêmes ces analyses mélodiques.

NOTA. Nos analyses mélodiques désigneront toujours la tonique par le chiffre 1; c'est-à-dire qu'elles ramèneront tout air au ton d'*ut* (en majeur).

88 — **Seuls intervalles de l'accord parfait.**—On ne compte jamais les intervalles de *seconde*.

Ex. 30, *b F* ( sans paroles ).
Mesure *tb*.—Limites 1 5.—Intervalles 1 3 5 3 1.

Ex. 32, *b G* ( sans paroles ).
Mesure *t*.—Limites 5 1.—Intervalles 1 3 5 1 5 3 1.

Ex. 45. **Quand le triste hiver ramène.**

Mesure *tb*. —Limites 5 5.— Intervalles 5 1 3 5 3 1.—Accident 2 1 2.

( Etude corresp. *Melodeon*, n°ˢ 1 et 151 ; 18 et 19).

89 — Intervalles de l'accord parfait plus une tierce 2 4 2. — Appliquer les *cinq actes* (art. 57, 58) à tous les exercices ci-après:

Ex. 33. **Honneur à la musique.**

Mesure *bbb*.—Limites 1 5.— Accord 1 3 5 3 1.—Tierce 2 4.

Ex. 34. **Heureux enfant, combien j'envie!**

Mesure *tb*. — Limites 7 5.— Accord 1 3 5 3 1.— Tierce. 4 2 4.

NOTA. Les *analyses mélodiques* peuvent servir aussi comme de thème d'étude pour l'exécution des morceaux dont elles présentent en raccourci tous les éléments d'intonation. Il sera bon non seulement de lire ces analyses, mais de les chanter.

90 — Les mêmes intervalles qu'à l'art. 89: plus une quarte 1 4, et la sixte 5 3.

### Ex. 35. Voyez, comme nuit et jour.
Mesure *tb*.—Limites 5 5.—Accord 1 3 1 5 3.—Tierce 4 2.

### Ex. 36. Salut, séjour de mon vieux père!
Mesure *bbb*.— Limites 5 3.—Accord 3 1 5 1.— Quarte 1 4.

91 — Les exercices suivants sont écrits sur la portée, et non pas en chiffres. On commencera pour eux par le 4<sup>e</sup> *acte* (art. 63), in - terprêter la vocalise; puis le 5<sup>e</sup>, écrire la vocalise.

### Ex. 40, *b O*.
Mesure *tb*.— Limites 5 6.— Accord 1 3 5 1 5.

### Ex. 41. Gais enfants de la montagne.
Mesure *tb*.—Limites 5 5.— Accord 5 1 5,

### Ex. 42, *b Q*.
Mesure *tb*.—Limites 1 1.—Accord 5 1 5 3 1.

---

### Ex. 43. Que nous t'aimons, belle terre!
Mesure *bbb*.—Lim. 1 1.— Accord 3 1 3 5 3 5 1.—Tierce 2 4.

### Ex. 44. Travaillons gaiment.
Mesure *tb*.—Limites 5 5.—Accord 1 3 1 5 1.— Tierce 4 2.
(Etude corresp. *Mélodéon*, n° 23; 118 et 119; 130 et 131.)

### Ex. 31, *b E*.
Mesure *bbb*.—Limites 7 5.— Accord 1 5 3 1 3.—Tierce 2 4 2.

### Ex. 46, *b U*.
Mesure *bbt*.— Limites 5 6.—Accord 5 1 3 5 3.— Tierce 1 6.
(Etude corresp. *Mélodéon*, n° 113.)

92 — Nous citerons enfin quelques-uns de nos premiers airs, sus par cœur.— On pourrait les faire noter de mémoire.

### Ex. 7. Gais moissonneurs et moissonneuses.
Mesure *tb*.— Limites 5 5.— Accord 3 5 3 1 5 3 5 5.

### Ex. 10. Non, plus de guerre impie.
Mesure *tb*.— Limites 1 6.—Accord 1 3 5 3, 1 5.—Tierce 2 4.—Quarte 3 6.

---

### Ex. 16. Vous connaissez Mondor.
Mes. *bt*.— Lim. 5 5.—Acc. 1 3 5 3 1 5 1.— Tierce 5 7.—Quarte 1 4, 2 5

### Ex. 4. J'ai de l'argent.
Mesure *bb*.— Lim. 7 5.— Acc. 1 3 5 3 1.—Tierce 2 7 2 1 2.— Quarte 5 2.

---

93 — Il est temps d'initier l'élève à la notation de la musique sur la portée. Au reste, on aura sans doute devancé ce moment; car l'on n'est pas tenu d'épuiser une division avant d'entamer la suivante.

# QUATRIÈME DIVISION.

## L'ÉCRITURE MUSICALE SUR LA PORTÉE.

---

**Section I.** Principes de notation ordinaire.

### § 1. L'Intonation.

**94 —** *La portée.* — Le système de notation ordinaire de la musique prendra pour *notes de musique* de gros points échelonnés sur des lignes parallèles et rapprochées qu'on appelle la *portée*. La position des notes sur cette échelle correspondra à leur rang dans la gamme; leur rang, au lieu d'être exprimé par un chiffre, sera peint aux yeux par leur degré d'élévation.

La portée ordinaire a cinq lignes ou barreaux. On les compte à partir d'en bas.

On place les notes sur les barreaux et entre les barreaux. 

### § 2. La mesure.

**95 —** *Valeurs des notes.* — La durée relative des notes est indiquée par des diversités de figures.

Une *ronde* o exprimera la plus grande durée relative.

La *ronde* vaut deux *blanches* ρ ou ♩.

De même la *blanche* ♩ vaut deux *noires* ♪ ♩.

La *noire* ♪ vaut deux *croches* ♫ ou ♫.

La *croche* ♪ vaut deux *doubles croches* ♫ ou ♫, etc., etc.

**96 —** Les valeurs des notes sont résumées dans le tableau ci-après:

LA RONDE . . . . . . .
vaut
2 BLANCHES . . . . .
ou
4 NOIRES. . . . . . .
ou
8 CROCHES. . . . . .
ou
16 DOUBLES CROCHES
ou
32 TRIPLES CROCHES.

**97** — *Les silences.* — On crée des signes correspondants pour les silences.

La *pause* est un *silence de la valeur d'une ronde.* (*voir* ci-dessous).

La *demi-pause* vaut une *blanche.*—La pause et la demi-pause ne se distinguent que par une différence de position.

Le *soupir* ⌐ vaut une *noire.*

Le *demi-soupir* ⅂ vaut une *croche.*—La différence de ces deux signes n'est guère encore que de position.

Le *quart de soupir* ⅃ vaut une *double croche*, etc.

**98** — *Le Point.*—Les signes de notes et de silences suffiraient à exprimer toutes les valeurs; toutefois, on emploie souvent le *point* après une note ou après un silence pour en prolonger la durée. Cette prolongation est de *la moitié de la valeur* de la note ou du silence.

Une *ronde pointée* ○ · vaut *une ronde et une blanche*, ou *trois blanches* ♩ ♩ ♩;—une *noire pointée* ♪ · vaut *trois croches* ♫♫♫, etc.

Un *demi-soupir pointé* ⅂ · vaut *trois quarts de soupir* ⅃ ⅃ ⅃, etc.

**99**—Quelquefois on *pointe le point* lui-même; ce qui en prolonge la durée de la moitié de sa valeur (*voy.* Ex. 23, mesures 3e, 4e, 5e en remontant).

Qu'on remarque bien, quant aux valeurs, la différence de système dans cet emploi du point et dans celui qu'en fait la notation chiffrée (art. 50).

**100** — *La Mesure.*—Le genre de la mesure est indiqué en tête du morceau, sur la portée, par un chiffre ou par un signe convenu (*voy.* art. 101).

Une mesure est comprise entre deux *barres de mesure* (art. 47, 1re règle), et l'examen de la composition de la mesure fait connaître quelle est la valeur de notes qui exprime un temps; si c'est une blanche (Ex. 1, 2, 6),—ou une noire (Ex. 3, 4, 5, 13-18),—ou une croche (Ex. 18, 19),—ou une noire pointée (Ex. 7-12).

**101**—*Signes de mesure.*—La MESURE A DEUX TEMPS est indiquée (art. 100) soit par un **2** (Ex. 1, 2, 6),—soit par un C barré ₵;—quelquefois par la fraction $\frac{2}{4}$ (Ex. 3-5, 28, etc.).

Toutes les fois qu'on emploie ainsi une fraction, il faut l'interpréter en prenant la ronde pour unité.—Ainsi $\frac{2}{4}$ exprime la mesure renfermant *deux quarts* de ronde, c'est-à-dire *deux noires*. Chaque noire est un temps.

102 — La MESURE A DEUX TEMPS TERNAIRES (art. 17-22) est marquée par la fraction $\frac{6}{8}$; *six huitièmes* de ronde, ou *six croches;* chacun des deux temps est de trois croches ou l'équivalent (Ex. 7-12).

103 — La MESURE A QUATRE TEMPS s'annonce par un C non barré C (Ex. 22-24, 75, 90, 115).

104 — La MESURE A TROIS TEMPS s'indique par un 3 (Ex. 13, 14, 17);—quelquefois par la fraction $\frac{3}{4}$, *trois quarts* de ronde, *trois noires*. Le temps est alors d'une noire.

Dans les mouvements rapides (art. 31, 32) le signe de mesure est $\frac{3}{8}$, *trois huitièmes* de ronde, *trois croches*. Le temps est de la valeur d'une croche (Ex. 18, 19).

105 — *Analyse des mesures. Modèle d'exercices.* — L'élève devra être beaucoup exercé à discerner les valeurs comparatives des notes, et à décomposer les mesures de la manière suivante:

### Ex. 1. Ah! te dirai-je, maman.

Mesure 2 temps, deux blanches.—1<sup>re</sup> mesure, n'a que le 2<sup>e</sup> temps. —2<sup>e</sup> mesure : chaque temps, deux noires.—3<sup>e</sup> mesure : 1<sup>er</sup> temps, une blanche; 2<sup>e</sup> temps, deux noires; etc.

### Ex. 6. Art divin, noble poésie.

Mesure 2 temps, 2 blanches.—1<sup>re</sup> mesure, n'a que le 2<sup>e</sup> temps, croche pointée et double-croche, ensemble une noire; croche pointée et double croche, ensemble une noire. Cela fait deux noires, c'est le 2<sup>e</sup> temps; etc., etc.

106 — Appliquer ce mode d'analyse aux exercices suivants:

Ex. 2. *Astre étincelant.* — Ex. 7. *Du cor, au fond des bois.* — Ex. 8. *Gais moissonneurs.* — Ex. 11. *Bergers, avec vos chiens fidèles.* — Ex. 14. *Vous trouvez-vous dans la détresse?* —Ex. 24 *Hommes puissants,* etc.

### SECTION II. Lecture sur la portée.

§ 1. Adoption d'une seule tonique *Ut* de position variable.

107 — *Position relative des notes.* — Il nous reste à convenir des positions que les diverses notes de la gamme auront sur la portée.

La place de l'*ut* étant connue, celles des autres notes le seront par leur distance à l'*ut*. On devra s'habituer à saisir promptement ces rapports. Nous nous y exercerons d'abord sur trois notes : *ut*, *ré*, *mi*. Une ligne suffit pour les échelonner :

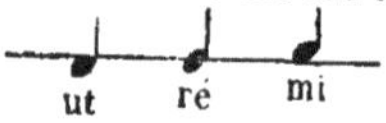

**108** — *Notation sur un doigt.* — Un doigt de la main gauche, tendu horizontalement devant nous, peut représenter cette ligne. En le touchant au-dessous avec l'index de la main droite, on indiquera l'*ut*; en heurtant le doigt, *ré*; en touchant au-dessus, *mi*. — Voilà donc une sorte de *Méloplaste* (art. 61) sur lequel on peut figurer à l'œil les airs à trois notes que l'on sait déjà (Ex. 26, 27, 28), ou ceux que l'on voudra improviser. L'élève nomme et chante la note touchée.

**109** — Deux lignes ou deux doigts serviraient à échelonner quatre notes, de *ut* à *fa :*     ou

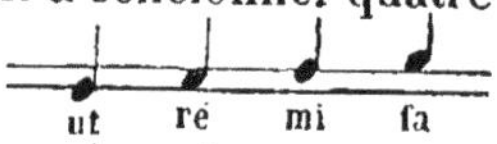

Ou cinq notes, de *ut* à *sol :*

On aura pour matière d'étude dans ces limites les *Exercices* indiqués art. 62 à 65, savoir : Ex. 2, *Astre étincelant.* — Ex. 7, *Du cor, au fond des bois.* — Ex. 29, *Puissent un jour, ô France, ô ma patrie !* — Ex. 47, *Fille des cieux, séduisante espérance ;* — et toutes les improvisations du maître.

**110** — *La main mélodique.* — On peut étendre les cinq doigts de la main gauche, dût-on n'échelonner les notes que sur un ou deux. Les cinq doigts représentent fort bien la *portée* de cinq lignes; c'est ce qu'on appelle la *main mélodique.* Un anneau placé à l'un des doigts, ou un objet apparent logé dans l'un des intervalles, signalera la position convenue de l'*ut*.

Les notes altérées par *bémol* (art. 76) se touchent à la naissance du doigt; — les notes altérées par *dièse* se touchent à la phalange extrême.

**111** — Répéter sur la main mélodique les *Exercices* faits sur un ou deux doigts isolément (art. 108, 109), en variant la position de l'*ut* dans la portée; par exemple :

## Ex. 26. **Voix douce et chérie.**

En plaçant *ut* sur la 2e ligne  , ou sur le doigt annulaire.

*Le même,* en plaçant *ut* sur la 1re ligne, ou sur le petit doigt.

*Le même,* en plaçant *ut* entre la 3e et la 4e ligne, ou entre le médius et l'index.

*Le même,* en plaçant l'*ut* entre la 2e et la 3e ligne, ou entre l'annulaire et le médius; etc.

**112** — *Le Méloplaste.* — Le mode d'exercice que l'on fait sur la main mélodique peut se pratiquer plus utilement et plus commodément encore sur le tableau noir. On y trace horizontalement *une* ligne, *deux* lignes, *cinq* lignes, sur lesquelles se promène et se pose la baguette du démonstrateur.

Les notes *bémolisées* se touchent dans le compartiment de gauche ; — les notes *diésées* dans le compartiment de droite.

Deux baguettes fonctionnant ensemble exerceraient au chant à deux voix.

C'est sous cette forme précisément que s'est produite la méthode du *Méloplaste* (art. 61), si justement renommée.

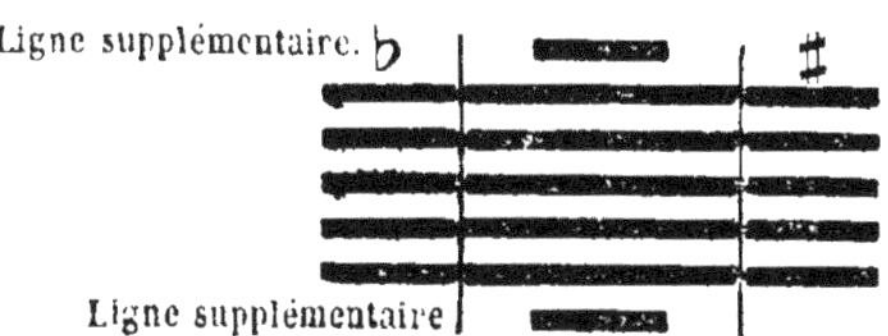


**113** — *Direction à donner à ces exercices.* — L'utilité du *Méloplaste* dépend en grande partie de la sagacité du guide qui recourt à cet ingénieux procédé. La baguette magistrale peut reproduire ainsi, soit un air, soit quelqu'une de ces séries de tierces, ou de quartes, ou de quintes, habituellement employées comme solféges :

$$1 \quad 3 \quad 2 \quad 4 \quad 3 \quad 5 \quad 4 \quad 6 \quad 5 \quad 7 \quad 6 \quad \dot{1} \quad 6 \quad 7 \quad 5 \text{ etc.}$$

$$1 \quad 4 \quad 2 \quad 5 \quad 3 \quad 6 \quad 4 \quad 7 \quad 5 \quad \dot{1} \quad 6 \quad \dot{2} \quad 6 \quad \dot{1} \quad 5 \quad 7 \quad 4 \quad 6 \quad 3 \text{ etc.}$$

Elle peut aussi mêler ces divers éléments, et ne pas se renfermer dans une seule gamme ( *voir* ci-après, art. 121), mais *moduler* dans les tons rapprochés du ton naturel ; — aborder quelques intervalles appartenant aux tons mineurs ( *voir* ci-après, 6ᵉ Division), etc., etc.

Il est bien entendu que, pour la nature de ces exercices, le maître consultera le moment et aura égard tant aux acquisitions déjà faites qu'à l'objet particulier de l'étude dans telle ou telle partie du Cours.

**114** — Après avoir épelé sur la *main mélodique* ou sur le *méloplaste* les exercices marqués art. 109, on les fera lire sur la portée, tels qu'ils se trouvent dans le MÉLONOME, en ayant soin d'indiquer la position de la *tonique.* Nous lui conservons le nom d'*ut.*

**115** — On étendra ensuite graduellement les limites en recourant à la table suivante, dressée pour cet usage.

Faire lire sur la *main mélodique,* — sur le *méloplaste.* — puis sur la *portée,* les exercices suivants :

**A. —** Limites de 7 à 5 :

En SOL : *ut* 2e ligne. — Ex. 4, 39, 42, 43, 53, 57.
En SI ♭ : *ut* 3e ligne. — Ex. 31.
En FA : *ut* 1er espace. — *Mélodéon*, nos 16 et 17.
En LA : *ut* 2e espace. — Ex. 18.

**B. —** Limites de 1 à 6 et de 7 à 6 :

En SOL : *ut* 2e ligne. — Ex. 1, 5, 10, 22, 69, 71.
    *Mélodéon*, nos 1 et 151 ; 12 et 13 ; 14 et 15 ; 61, 68, 130,
    138 ; 56 et 57 ; 72 *bis*, 85, 97.
En LA : *ut* 2e espace. — *Mélodéon*, nos 120, 130 et 131.

**C. —** Limites de 5 à 3 et à 4 :

En SOL : *ut* 2e ligne. — Ex. 64.
En SI ♭ : *ut* 3e ligne. — Ex. 65.
    *Mélodéon*, no 111.
En UT : *ut* 3e espace. — Ex. 60, 61, 62, 81, 82, 85.
    *Mélodéon*, nos 125, 126 et 127 ; 134 ; 144.

**D. —** Limites de 5 à 5 et de 5 à 6 :

En SOL : *ut* 2e ligne. — Ex. 3, 25, 44, 45 ; 12, 13, 40, 94.
    *Mélodéon*, nos 82, 100 ; 92 ; 102, 112, 147.
En SI ♭ : *ut* 3e ligne. — Ex. 8, 41, 76.
    *Mélodéon*, nos 81, 110 ; 99 ; 133.
En FA : *ut* 1er espace. — Ex. 11.
    *Mélodéon*, no 113.
En LA : *ut* 2e espace. — Ex. 16, 88 ; 23, 83.
    *Mélodéon*, nos 118, 145, 153 ; 120, 152.
En UT : *ut* 3e espace. — Ex. 9, 14, 67 ; 46, 48.
    *Mélodéon*, no 140.

**E. —** Limites de 1 à 1̇ et de 7 à 1̇ :

En MI ♭ : *ut* 1re ligne. — Ex 78, 92.
En RÉ : *ut* 4e ligne. — Ex. 19.
En FA : *ut* 1er espace.— Ex. 17, 24, 52, 55, 93.

**F. —** Limites de 5 à 1̇ et de 1 à 3̇ :

En MI ♭ : *ut* 1re ligne. — Ex. 94 ; 68, 75.
En SOL : *ut* 2e ligne. — Ex. 96.
En RÉ : *ut* 4e ligne. — Ex. 49, 58, 89.
En FA : *ut* 1er espace.— Ex. 6 ; 91.
En UT : *ut* 3e espace. — Ex. 15.

**G. —** Limites de 1 à 4̇ et à 5̇.

En RÉ : *ut* 4e ligne. — Ex. 79 ; 98.
En UT : *ut* 3e espace. — Ex. 72, 80 ; 90.

**116** — *Observations.*—Il n'est question, dans les exercices que nous venons d'indiquer, que de lire le nom des notes; c'est l'objet essentiel de cette Section.—On peut y joindre successivement l'analyse de la mesure (art. 105), et la lecture rhythmique.

Quant à l'appellation des notes, le maitre pourra trouver de l'avantage à poursuivre, sans égard aux *limites*, l'étude d'une notation uniforme, par exemple *ut* étant placé sur la 2ᵉ ligne;—avant de passer à une autre position d'*ut*. La table donnée (art. 114) se prête parfaitement à cette marche.

Nous ne nous dissimulons pas la difficulté que présentent ces changements de noms pour des notes de position semblable, ou ces changements de place pour des notes de même nom; mais cet embarras ne saurait être évité, même dans le système ordinaire que nous allons exposer dans la section suivante.

### § 2. *Sol* **pris pour tonique.**

**117** — La conformité des deux *tétracordes* de la gamme, 1 2 3 4 et 5 6 7 1̇ (art. 69) donne lieu à cette observation intéressante : c'est que tous les airs renfermés dans les limites de 1 à 4 peuvent être écrits avec les notes correspondantes du 2ᵉ tétracorde, de 5 à 1̇. La *tonique*, alors, au lieu d'être *ut* sera *sol*. On dira que l'air est écrit en ton de *sol*.

**118** — Appliquons cette transposition aux Ex. 3 (les quatre premiers vers), 26, 27, 28, 29 (étudiés art. 56-63 ci-dessus). En adoptant pour *tonique* **sol**, nous lirons les notes et nous solfierons ces airs.

**119** — *Gamme de* **sol.**—Si nous voulons prendre *sol* pour tonique d'une gamme en continuant jusqu'à *sol* supérieur, nous reconnaitrons aisément que cette série de notes ne donne l'air de la gamme que moyennant le *fa dièse* substitué au *fa naturel.*—Ainsi le veut, d'ailleurs, l'analyse que nous avons donnée de la gamme (art. 72) : deux tons et un demi-ton; trois tons et un demi-ton.

D'où il résulte que tout air qui était chanté en *ut* (ayant *ut* pour tonique), peut être transposé en *sol* (ayant *sol* pour tonique), moyennant la substitution du *fa dièse* au *fa naturel.* (*)

**120** — Appliquons cette transposition aux Exercices suivants :

Ex. 1, 2, 4, 5, 10, 22, 28, 39, 42, 43, 53, 57, 59, 69, 71.

---

(*) Le *dièse*, dans cette notation, ne s'attache pas à la note même, mais il la précède (♯ ●). On convient qu'il affecte toutes les notes de même nom dans la *mesure* où il se trouve; à moins d'interposition de cet autre signe ♮, qu'on appelle *bécarre*, et qui détruit, pour les notes qu'il précède, l'effet du *dièse* antérieur.

**121** — *Notation en* SOL.—Remarquez dans ces exemples (art. 120) que le *sol* tonique occupe toujours une même place; il est sur la 2ᵉ ligne.

Le signe &, placé en tête de la portée, s'appelle *clef de sol*. L'*anneau* par lequel il embrasse la deuxième ligne indique la position du *sol*.

L'altération du *fa* par un dièse est marquée aussi en tête de la portée et après la clef.

Ces observations nous mettent sur la voie du système usuel de notation et de lecture musicale sur la portée.

### § 3. Toniques diverses. — Gammes diésées.

**122** — *Gamme naturelle.*—En clef de *sol* placée sur la 2ᵉ ligne (art. 121), les notes sur la portée ont et conservent invariablement les noms ci-après :

**123** — *Ton d'*UT.—Si l'on prend *ut* pour tonique, aucune note de la gamme naturelle n'est altérée; il n'y a ni dièse ni bémol à la clef.

Exercices en ton d'*ut :* 47, 60, 61, 62, 81, 82, 85; 9, 14, 46, 48, 67; 72, 80, 90, 99, 100, 101, 123, 127.

( Etude corresp. *Mélodéon*, nᵒˢ 3 et 4, 11, 23, 27 à 29, 31, 32, 37 et 38, 39 et 40, 52, 59 et 60, 62, 84, 90, 91, 93, 98, 110, 113, 114, 115 122 et 123, 125 à 127, 132, 131, 140, 144, 148.)

Les exercices en ton d'*ut* sont ceux que l'élève a le plus d'intérêt à faire en commençant. Ils ont le double avantage d'être conformes au système de la notation en chiffres, qui prend toujours *ut* pour tonique, et d'enseigner les noms que les notes conservent invariablement sur la portée, dans le système de la notation usuelle.

**124** — *Ton de* SOL.—Nous avons vu (art. 119) que la gamme de *sol* exige que le *fa* soit diésé.—En ton de *sol*, il y a à la clef un dièse sur la 5ᵉ ligne, celle du *fa* . . . . . . . .

**125** — *Exercices* en ton de *sol :* 1 à 4, 5, 10 à 13, 21, 22, 25, 26, 28, 30, 32, 35, 36, 38 à 40, 42 à 45, 53, 56, 57, 59, 64, 67, 69, 71, 73, 74, 95, 96, 103, 121, 122, 126.

(Etude corresp. *Mélodéon*, nᵒˢ 1 et 151, 9 et 10, 12 à 15, 20, 25 et 26, 31 à 36, 44 à 47, 51 à 57, 61, 68, 72, 72 *bis*, 73, 78 et 79, 82, 85, 89, 92, 94, 97, 100, 102, 112, 136, 138, 147, 149.)

**126** — *Ton de* RÉ. — Comme de la gamme d'*ut* on passe à la gamme de *sol* au moyen du deuxième tétracorde de la 1ʳᵉ gamme (art. 119, 121), de même, au moyen du deuxième tétracorde de la gamme de *sol* on passe à la gamme de *ré*.—On est conduit pour cela à substituer *ut dièse* à *ut naturel*.

La gamme de *ré* aura donc deux notes diésées, le *fa* et l'*ut*. . . . . . . . . . .

**127** — Exercices en ton de *ré*. 19, 49, 58, 79, 89, 98; 20, 33, 70, 87, 102, 129.

(Étude corresp. *Mélodéon*, nᵒˢ 19, 20, 33, 49, 58, 70, 79, 87, 89, 98, 102, 129.)

**128** — *Ton de* LA.—On passe du ton de *ré* au ton de *la* comme précédemment. — La gamme de *la* a trois notes diésées, *fa*, *ut* et *sol* . . . .

**129** — Exercices en ton de *la :* 16, 18, 23, 83, 88; 29, 34, 50, 84, 86, 97, 125.

(Étude corresp. *Mélodéon*, nᵒˢ 18 et 19, 41 et 42, 64 et 65, 76 et 77, 118 et 119, 120, 130 et 131, 139, 145, 152, 153.)

**130** — *Ton de* MI. — Du ton de *la* au ton de *mi*, même transition.

La gamme de *mi* a quatre dièses. . . . .

Nous ne ferons point d'exercices en ton de *mi*.

**131** — *La loi des tons par dièses.*—On reconnait, dans la formation successive des gammes de *sol*, de *ré*, de *la*, de *mi*, etc., la loi suivante : Les *toniques* des gammes par dièses se succèdent de *quinte* en *quinte* ASCENDANTE—ou de *quarte* en *quarte* DESCENDANTE.

C'est ainsi que de la gamme d'*ut* on passe à celle de *sol* (UT, *si*, *la*, SOL); à celle de *ré* (SOL, *fa*, *mi*, RÉ), etc.

Les *dièses* dont ces gammes sont affectées se succèdent aussi de quarte en quarte descendante. Le dernier dièse est à la *sensible*.

**132** — *Détermination d'un ton par dièses.*—La *tonique* d'un air dont la clef est armée de dièses est le degré au-dessus du dernier dièse.—Si le dernier dièse est sur le *sol*, la tonique est *la*.

**133** — S'exercer à déterminer le *ton* des airs du *Mélonome*, où l'on voit la clef armée de dièses. Ex. 1, 2, 3, 4, 5, 10, 11, 12, 13, 16, 18, 19, 22, 28, etc.

NOTA. On remarquera, et l'on doit retenir : qu'avec *un* dièse on est en SOL; avec *deux* dièses, en RÉ; avec *trois* dièses, en LA; avec *quatre* dièses, en MI.

### § 4. Toniques diverses.—Gammes bémolisées.

**134**—Prenons la gamme descendante 1 7 6 5 4 3 2 1, et distinguons les deux tétracordes descendants 1 7 6 5, 4 3 2 1. Ils sont de composition toute pareille, un *demi*-ton, *deux* tons. J'ajoute au second tétracorde, **4 3 2 1**, les quatre notes suivantes en descendant, pour former une gamme descendante partant de *fa* et se terminant à *fa*. **4 3 2 1 7 6 5 4**. Cette gamme n'est juste que moyennant l'abaissement du *si*. Il faut prendre *si* bémol, ♭7.

**4 3 2 1 7 6 5 4**. — On a donc, pour gamme de *fa*, une note bémolisée, c'est le *si* . . . . .

Exercices en *fa :* 6, 7, 11, 17, 18, 24, 52, 55, 91, 93, 124.

(Etude corresp. *Mélodéon*, nᵒˢ 2, 16 et 17, 30 et 33, 43, 45 à 51, 53, 58 et 59, 63 et 124 ; 36, 74 et 75, 80, 86, 87 et 88, 95, 96, 107, 109, 117, 121, 143, 150.

**135** — *Ton de* si ♭. — La gamme de *fa*, par une marche semblable, nous conduit à celle de *si bémol* (car le *si* de la gamme de *fa* est déjà altéré par le bémol). — La gamme de *si bémol* a deux notes bémolisées, *si* et *mi* . . . . . . . . . . .

Exercices en *si* ♭ : 8, 31, 37, 41, 51, 54, 65, 76, 82.

(Etude corresp. *Mélodéon*, nᵒˢ 5 à 8, 21 et 22, 67, 83 et 104 ; 81, 99, 111, 128 et 129, 133, 135.

**136** — *Ton de* mi ♭. — On passe de la gamme de *si bémol* à celle de *mi bémol*. Celle-ci emploie trois bémols, *si*, *mi*, *la*.

Exercices en *mi* ♭ : 68, 75, 77, 78, 80, 92, 94, 128.

(Etude corresp. *Mélodéon*, nᵒˢ 24, 105).

**137** — *La loi des tons par bémols.* — On découvre dans ces exemples la loi de formation des tons par bémols. Les toniques des gammes par bémols se succèdent de *quinte* en *quinte* DESCENDANTE — ou de *quarte* en *quarte* ASCENDANTE. On a passé de *ut* à *fa* (UT, *ré*, *mi*, FA), — de *fa* à *si* ♭ (FA, *sol*, *la*, SI), etc.

Les *bémols* dont ces gammes sont affectées se suivent aussi de quarte en quarte ascendante. — Le dernier *bémol* est à la quarte au-dessus de la tonique.

**138** — *Détermination d'un ton par bémols.* — La *tonique* d'un air dont la clef est armée de *bémols* est la quarte au-dessous du dernier bémol. Si le dernier bémol est sur le *ré*, la tonique est *la bémol ;* On est dans le ton de *la bémol*.

**139** — S'exercer à déterminer les tons des airs du *Mélonome* où la clef est armée de bémols. Ex. 6, 7, 8, 11, 17, 31, etc.

NOTA. On remarquera et l'on doit retenir qu'avec *un* bémol on est en FA ; avec *deux* bémols, en *si* ♭ ; avec *trois* bémols, en MI ♭. — L'avant-dernier *bémol* indique le nom de la tonique. C'est ce qui explique que, dans les tons par *bémols*, dès qu'il y a plus d'un *bémol*, la tonique est toujours une note bémolisée.

### Section III. Ecriture sur la portée.

**140** — *Ecrire d'après vocalisation.* — Si l'on a bien compris ce qui précède, et si l'on s'est exercé comme il faut, l'on sera en état d'écrire sur la portée, et dans le ton voulu, des airs simples qu'on entendra chanter (art. 57, le 5e acte). C'est à quoi l'on s'appliquera, en se dirigeant par les tables suivantes.

**141** — Ecrire sur la portée les airs que l'on saurait déjà noter en chiffres (art. 56-66), savoir :

Limites de 1 à 3 :   Ex. 3 (8 mesures) 26, 27, 28.

Limites de 1 à 4 :   Ex. 7, 10, 29, 31.

Limites de 1 à 5 :   Ex. 2, 7, 30, 33, 47.

Limites de 1 à 6 :   Ex. 1, 10, 59, 70 (*voy.* art. 116 et suivants pour les listes relatives à d'autres limites).

On écrira ces airs : 1° en ton d'*ut* ; — 2° en ton de *sol* ; — 3° en ton de *ré* ; — 4° en ton de *fa* ; — 5° en ton de *si* ♭.

**142** — *Traduction des notes en chiffres.* — On peut se proposer maintenant un problème d'une application fréquente : « *Etant donné un air écrit sur la portée, le traduire en chiffres.* » Pour résoudre ce problème, on détermine d'abord le *ton* du morceau (art. 132, 138), et l'on écrit ce *ton* en tête de la notation en chiffres. — Puis, en désignant la tonique par 1 *(ut)*, on opère la traduction d'après les règles de la notation en chiffres (art. 42-52).

**143** — Traduire de la sorte quelques *Exercices* pris dans les divers tons. Ex. 1, 2, 5, 6, 7, 8, 10, 11, 16, 17, 18, 19, 23, 24, 31, 41, 47, 49, 58, 60, 61, 68, 75, 78.

**144** — *Traduction des chiffres en notes.* — Le problème inverse : « *Etant donné un air écrit en chiffres, le traduire en notes,* » n'offrira pas plus de difficulté. — Le *ton* écrit en tête de l'air indique quelle doit être la position de la *tonique* sur la portée (art. 122), et l'armure de la clef, soit en dièses, soit en bémols (art. 131 et 137).

Il s'agit de reconnaitre encore quelle est la mesure, et d'en poser le signe après la clef (art. 99-103). — Puis on opère la traduction d'après les règles de la notation sur la portée (art. 94-104).

**145** — Traduire en notes quelques *Exercices* écrits en chiffres pris dans les divers tons.

En *ut*.   Ex. 27, 63.

En *sol*.   Ex. 28, 32, 35, 36, 38, 66.

En *la*.   Ex. 20, 29, 34, 50.

En *fa*.   Ex. 11, 52.

En *si* ♭.  Ex. 51, 54.

### Section IV. Des diverses clefs.

**146** — *La Portée générale.* — Nous avons déjà eu occasion de mentionner les notables différences que l'on remarque entre les voix, sous le rapport de la gravité des sons (art. 44). Il résulte de là que, si l'on voulait échelonner sur la portée les intonations des diverses voix, cinq lignes ne suffiraient pas. Il faudrait une portée de onze lignes, appelée la *portée générale*, représentée dans la figure ci-dessous :

PORTÉE GÉNÉRALE, SOUCHE DE 11 LIGNES·

**POSITION DES CLEFS**
POUR LES PORTÉES PARTICULIÈRES TIRÉES DE LA PORTÉE GÉNÉRALE.



Mais de cette portée, chaque genre de voix peut détacher, pour son usage, une portée particulière de cinq lignes prise à la hauteur convenable.

Trois *clefs* de figures diverses, placées dans la portée générale sur le quatrième, le sixième et le huitième barreau, et portant chacune le nom de la note à laquelle appartient son barreau, — clef de *fa*, clef d'*ut*, clef de *sol*, — seront prises l'une ou l'autre pour accompagner la portée particulière, et pour rappeler quelle serait la position de celle-ci dans la portée générale.

**147** — *Les différentes voix et leurs portées.* — Les voix de *basse* (voix grave d'hommes) ont la première portée à partir d'en bas. La *clef de* FA ℗: sur la quatrième ligne (figure A).

Les voix aiguës d'hommes, *ténor* et *haute-contre*, ont une portée située à deux ou trois lignes plus haut, et armée *clef d'*UT sur la quatrième ou sur la troisième ligne de la portée (fig. B et C). L'*ut* est donc sur la quatrième ou sur la troisième ligne de la portée.

Les voix graves de femme ou d'enfant, *contralto, deuxième dessus*, ont une portée élevée d'une ou deux lignes au-dessus de la précédente et la clef d'*ut*, mais sur la deuxième ou la première ligne (fig. D et E). L'*ut* est donc sur la deuxième ou la première ligne de la portée.

Enfin, pour les voix aiguës d'enfant ou de femme, *premier dessus* ou *soprano primo*, la dernière portée, la plus haute de toutes, est armée de la *clef de* SOL sur la deuxième ligne (fig. F). C'est la portée et la clef dont nous nous sommes servis. — Les autres sont moins usitées.

**148** — *Usage que nous ferons de ces clefs.*—La clef de *fa* est la seule dont nous aurons occasion de nous servir, concurremment avec la clef de *sol*, quand les airs seront accompagnés d'une partie de basse. Mais on pourrait, pour le chant, faire servir ces diverses clefs à ramener au ton d'*ut* tous les airs notés dans d'autres tons ; ce qui abrége beaucoup l'étude de l'intonation.

**149** — *Transposition instantanée.*—Soit, par exemple, un air noté en *sol*, sur la portée F ; la tonique est *sol* sur la deuxième ligne, il y a un dièse à la clef. —Je conçois, au lieu de la portée F, la portée D, clef d'*ut* sur la deuxième ligne. Dès lors, ma tonique s'appelle *ut ;* je supprime le dièse à la clef, et je chante en ton d'*ut*, gamme naturelle.

**150** — *Objection.*—Mais n'est-ce point dénaturer la mélodie, que de changer ainsi la clef ; c'est-à-dire de placer l'air sur une portée plus haute ou plus basse que celle sur laquelle l'auteur l'avait écrite ? — Nous répondrons à cette question que si nous exécutions la musique sur un instrument, par exemple sur le piano, chaque position de note, dans la portée générale, correspondrait invariablement à une certaine touche du clavier, et la transposition de l'air sur un autre degré de cette portée le transposerait aussi sur une autre partie du clavier. On reconnaîtrait le même air, mais en sons plus aigus ou plus graves. Il n'en est pas nécessairement ainsi quand les voix seules chantent l'air. Elles peuvent choisir, selon leur convenance, l'intonation de la *tonique* (*voy.* art. 87). On est donc maître de changer le nom de la tonique, la clef, l'élévation de la portée, sans modifier en rien l'intonation. Les noms seuls sont changés, les sons restent les mêmes.

**151** — Appliquez ce procédé à quelques airs en *sol* (*voy.*, art. 124, 125, la liste des airs en *sol*).

**152** — Autre exemple. Soit un air en *la ;* tonique *la* au deuxième espace ; deux dièses à la clef. Il faut que la note au deuxième espace prenne le nom d'*ut*. C'est ce qui arrivera si je conçois l'air noté sur la portée A, clef de *fa* sur la quatrième ligne.—Je supprime donc les deux dièses, et lis sur cette portée l'air en ton d'*ut*.

Appliquez ce procédé à quelques airs en *la* (*voy.* la liste, art. 128).

**153** — Nous proposons à l'élève de résoudre lui-même les problèmes suivants :

« *Quelle portée et quelle clef faut-il prendre pour transposer en ton naturel les airs écrits en* RÉ ;—*en* FA ;—*en* SI ♭; *en* MI ♭;—*en* LA 2. »

On appliquera ensuite la solution à quelques airs notés dans ces divers tons (*voir* les listes, art. 126, 134-136).

**154** — Nous ne saurions trop recommander aux élèves cette étude de la transposition à première vue. C'est du reste à cela que nous les avons exercés dès que nous avons dû les initier à la pratique de la notation sur la portée (art. 107, 116).

---

## CINQUIÈME DIVISION.

### ÉTUDE DE L'INTONATION.

#### (SUITE).

---

SECTION I. Les divers tons.—Les divers intervalles.

§ 1. Exercices dans divers tons.

**155 — *Les Modulations*. —**Ramener tous les airs au ton d'*ut*, c'est une simplification immense. C'est celle que nous avons tentée (art. 107, 116, 148 et suivants).

Toutefois, comme il arrive que, dans le cours d'une mélodie, un compositeur change momentanément de gamme (c'est ce qu'on appelle *modulation*), le chanteur, qui a pris un air en ton d'*ut*, peut avoir à chanter plusieurs mesures en ton de *sol* ou de *fa*, de *ré*, de *si* ♭, etc. Il importe donc de s'exercer à exécuter la musique notée en divers tons. On peut suivre, pour cet effet, la gradation que nous allons tracer—d'abord pour les tons par dièses,—puis pour les tons par bémols.

**156 —*Transition aux tons par dièses ; 1° au ton de* SOL.—**Tout air noté en UT, qui ne renferme point la sensible *si*, n'aura point, en SOL, la sensible *fa* ♯, Il peut donc être transposé en *sol*, et ne comprendra encore que les notes de la gamme d'*ut* (sauf les modulations accidentelles).

**157 —** Tous les airs compris dans les limites 1-6 (art. 115, B) satisfont à cette condition. On pourra donc les faire lire et chanter d'abord en ton d'*ut ;* puis en ton de *sol*.

Nous indiquerons entre autres les Ex. 1, *Ah! te dirai-je, maman ;* —2, *Astre étincelant ;*—7, *Du cor, au fond des bois ;*—10, *Non, plus de guerre impie.*

Et semblablement, en dehors de ces limites, les airs ci-après: Ex. 33, *Honneur à la musique!*—35, *Voyez, comme nuit et jour ;* —46, *b V ;*—47, *Fille des cieux ;*—88, *d M ;*—125, *Chacun me dit à la ronde*, etc. (Ce dernier est noté en *la*, mais cela n'importe.)

**158 —** A la suite de ces *Exercices*, chantez des airs quelconques en *sol* dans lesquels se trouvera en général la note *fa* ♯, caractéristique du ton.

*Voyez* la liste des exercices en *sol*, art. 125.

**159** — 2° *au ton de* RÉ. — Les airs du n° 157 pourront, par une raison toute pareille, être transposés en ton de *ré* sans contenir l'*ut* ♯, sensible et caractéristique du ton de *ré*. On chantera donc ces airs en ton de *ré*.

Puis des airs quelconques en ton de *ré* (*voy.* la liste, art. 127).

**160** — 3° *au ton de* LA. — Les mêmes airs encore (art. 157) pourraient être transposés en ton de LA sans contenir le *sol* ♯, et serviraient de transition pour chanter tout autre air noté en *la*.

**161** — *Transition aux tons par bémols;* 1° *au ton de* FA. — Tout air noté en UT qui ne renferme pas la note *fa*, quarte de la tonique, n'aura point, en ton de FA, la quarte *si* ♭, et ne sera encore composé que des notes de la gamme d'*ut* (sauf les modulations accidentelles).

**162** — Tous les airs compris dans les limites de 5 à 3 (art. 115, C) satisfont à cette condition.

On peut donc faire lire et chanter d'abord en *ut*, puis en *fa*, les Ex. 3, *Un beau jour s'achève;* — 28, *O songes riants!* — 36, *Salut, séjour de mon vieux père!* — 62, c L; — 63, c M.

Et de même, en dehors de ces limites, les Ex. 81, *Les cloches du monastère* (quoique noté en *ré*); — 101, d Z.

Nous indiquerions encore les Ex. 61 et 81, bien que la quarte y paraisse une fois, vers la fin de l'air.

**163** — Après ces exercices, on chantera des airs quelconques notés en *fa* (*voy.* la liste, art. 134); ils emploieront, en général, le *si* ♭.

**164** — 2° *au ton de* SI ♭. — Les airs désignés art. 162 pourront, par une semblable raison, être transposés en *si* ♭ sans qu'on y fasse usage du *mi* ♭. On les prendra donc comme premiers exercices en *si* ♭.

Après quoi on chantera des airs quelconques en *si* ♭ (*voy.* la liste, art. 135).

**165** — 3° *au ton de* MI ♭. — Même emploi de ces airs (art. 162) pour l'étude du ton de *mi* ♭, etc. (*Voyez* la liste, art. 136.)

### § 2. Exercices sur les divers intervalles.

**166** — Ce qui fait la difficulté de l'intonation, c'est la diversité des *intervalles* entre deux notes consécutives d'un air. Aussi a-t-on coutume de classer et de graduer les exercices d'intonation, d'après la nature des intervalles qu'ils présentent. C'est ce que nous allons faire nous-mêmes dans les articles suivants:

167 — *Etude des* TIERCES.—*Méthode à suivre.*—On chantera les *Exercices* dans l'ordre indiqué.—Nous conseillons de ramener tous les airs au ton d'*ut* (art. 157). — Si l'on veut les lire dans leur ton, on ajournera ceux dont la notation offre trop de difficulté pour le moment.

On fera remarquer les intervalles de tierce qui sont l'objet particulier de l'étude actuelle.

Après avoir chanté les airs, on fera, sur le *méloplaste* ou sur la *main mélodique,* des exercices de solfége composés des intervalles qu'on vient d'étudier; par exemple dans cet article : 4 2 4 6 4 2 4, et de ceux qu'on aurait appris précédemment. A tout air que l'on étudie, on appliquera les *cinq actes* (art. 57), en tant qu'ils seront applicables.

168 — *Exercices des* TIERCES 4 2 4 6.—Chanter les airs indiqués ci-après :

Ex. 43, *b S.* Ton *sol.* Mesure *bbb.* Lim. 1 i̇  Acc. 3 1 3 5 3 5 i̇. Tierce 2 4
Ex. 44, *b T.* » *sol.* » *tb.* » 5 5. » 1 3 1 5 1. » 4 2
Ex. 17, *Q.* » *fa.* » *t.* » 7 1̇. » 5 i̇ 5 3 1. » 4 2
Ex. 46 *b, U.* » *ut.* » *bbt.* » 5 6. » 5 1 3 5 3. » 4 6
Ex. 48 *b, X.* » *ut.* » *tb.* » 5 6. » 1 5 3 6. » 2 4 6

(*Mélodéon*, nˢ 23, 113, 118 et 119 ; 136.)

169 — *Suite des* TIERCES : 1̇ 6 4 2 4 2 7 5.

### Ex. 5 **Existe-t-il sur la terre?**
Ton *sol.* Mes. *bbb.* Lim. 7 6. Acc. 1 3 1 5 3. Tierces 2 4 2 7. Accident 3 4 5.

### Ex. 52. **La nouveauté parut un jour.** (En chiffres.)
Ton *fa.*—Mesure *bq.*—Limites 1 1̇.—Accord 3 1 5 1̇.—Tierce 1̇ 6, 4 2.

### Ex. 50, *c A* (chiffres).
Ton *la.*—Mesure *bb.*—Limites 1 6.—Accord 1 5 1 3 1 3 5.—Tierces 4 2 7.

### Ex. 49. **Adieu, frimas et froidure.**
Ton *ré.*—Mesure *bb.*—Limites 1 3̇ —Accord 5 i̇ 5 3.—Tierces 7 5, i̇ 6 4 2.

(*Mélodéon*, nˢ 7 et 8 ; 16 et 17 ; 68 ; 135.)

———

170 — *Etude des* QUARTES 1 4. — Dès ce moment, nous suppri-

mons pour plus de briéveté, les analyses mélodiques. L'élève devra les faire lui-même. Ce sera un exercice intéressant et utile.

Exercices **14**, **21**, **36**, **53**.

**171** — *Suite des* QUARTES 1 4, 2 5.—Ex. 16; 1, 22; 19.
( *Mélodéon*, nᵒˢ 9 et 10, 61, 86, 138.)

**172** — *Suite des* QUARTES 5 2. — Ex. 2, 4, 7, 47.
( *Mélodéon*, nᵒˢ 12 et 13, 35, 67, 83 et 104; 94, 95, 96, 100, 150.)

**173** — *Suite des* QUARTES 2 5. — Ex. 57; 54, 58.

**174** — *Suite des* QUARTES 1 4, 3 6, 2 5.—Ex. 56; 20, 55; 10, 59.
( *Mélodéon*, nᵒ 121.)

**175** — *Suite des* QUARTES 2 6 2, 7 3, 3 6.—Ex 3, 18, 51.
( *Mélodéon*, nᵒˢ 31 et 32, 50 et 51, 97, 103, 108, 120, 132.)

---

**176** — *Etude des* QUINTES 2 5 2, 4 1.—Ex. 13; 66-68; 60-65.
( *Mélodéon*, nᵒˢ 34, 59 et 60, 74 et 75, 110, 115, 128 et 129, 134, 147.)
*Autres* QUINTES 2 6; 3 7; 3 6.
( *Mélodéon*, nᵒˢ 14 et 15, 137; 139.)

---

**177** — *Etude des* SIXTES 1 6 1.— Ex. 69, 71.

**178** — *Suite des* SIXTES 5 3 5.—Ex. 35 ; 23, 37, 72.
( *Mélodéon*, nᵒˢ 39 et 40, 64 et 65, 76 et 77, 93.)

**179** — *Suite des* SIXTES 3 1 3, 5 3, 2 7.— Ex. 24; 15, 77.
( *Mélodéon*, nᵒˢ 3 et 4, 36, 37 et 38, 43, 48 et 49, 52, 80, 82, 91, 107 et 116, 117.)

**180** — *Suite des* SIXTES 1 3 1, 7 5 7.—Ex. 12, 78.
( *Mélodéon*, nᵒˢ 11, 24, 92.)

**181** — *Suite des* SIXTES 5 3, 4 6 4, 2 7.—Ex. 98; 79.
( *Mélodéon*, nᵒˢ 2, 5 et 6, 25 et 26, 109, 122 et 123, 125 et 126.)

**182** — *Suite des* SIXTES 6 4 2, 7 5.—Ex. 74, 76.
( *Mélodéon*, nᵒˢ 53, 54 et 55, 70 et 71.)

---

**183** — *Etude des* SEPTIÈMES 1 2 1.—Ex. 6, 80.
( *Mélodéon*, nᵒˢ 87 et 88.)

**184** — *Suite des* SEPTIÈMES 5 4 5.— Ex. 81, 82, 86.
( *Mélodéon*, nᵒˢ 27, 28 et 29, 30 et 33, 78 et 79, 84, 149.)

**185** — *Suite des* septièmes 4 5̣ 4, 2 3̣ 2, 3 4̣, 5 6̣. — Ex. 84, 85, 87, 88.

(*Mélodéon*, n°ˢ 114, 140.)

———

**186** — *Etude des* octaves 1 1̇, 5̣ 5. — Ex. 89; 8, 9, 11, 25, 38, 90.

(*Mélodéon*, n°ˢ 20, 44 et 45, 46 et 47, 63 et 124; 66, 72, 73, 81, 85, 89, 99, 101, 102, 146, 152, 153.)

**187** — *Suite des* octaves. — Ex. 92, 93, 97, 100, 101; 95; 75, 91, 94, 103; 96, 104.

(*Mélodéon*, n°ˢ 21 et 22, 58 et 69, 93.)

———

**188** — *Etude des* neuvièmes 1̣ 2̇, 5 6̇. — Ex. 102, 83.

———

**189** — *Etude des* onzièmes 2 5̇. — Ex. 98.

———

**190** — *Marche à suivre.* — Il est bien entendu qu'on ne s'astreindra pas à n'étudier chaque série qu'après avoir vaincu toutes les difficultés de celles qui précèdent. — Les *octaves* sont plus faciles que les *septièmes* et que les *sixtes*. On peut donc les aborder avant celles-ci, en choisissant des exercices qui ne soient pas trop compliqués d'ailleurs.

**191** — *Résultat à obtenir.* — L'application soutenue de nos cinq actes (art. 57) aux mélodies prises pour sujets d'étude, et la gymnastique du *Méloplaste* (art. 113 et 167) sur les éléments mélodiques dont nos airs se composent, rendront en peu de temps les élèves capables de lire la musique d'un genre simple, comme on lit un ouvrage de prose ou de vers.

———

## SIXIÈME DIVISION.

### DES TONS MINEURS.

———

Section I. La gamme mineure.

**192** — Nous n'avons admis, dans tout ce qui précède, qu'un modèle de gamme; c'est la gamme qui renferme deux tons et un demi-ton, trois tons et un demi-ton (art 72):

$$1 \quad 2 \quad 3 \quad 4 \quad 5 \quad 6 \quad 7 \quad \dot{1} \quad \dot{1} \quad 7 \quad 6 \quad 5 \quad 4 \quad 3 \quad 2 \quad 1$$

C'est la *gamme majeure* Tous les airs composés au moyen de cette gamme sont dits appartenir au *mode majeur*

193 — Il y a une autre gamme, moins usitée, mais pourtant très connue. En voici la composition :

6 7 1 2 3 4 5 6 6 5 4 3 2 1 7 6

On voit qu'elle prend sa tonique 6 un ton et demi au-dessous de celle du mode majeur, et qu'elle a pour note *sensible* (art. 74) le *sol dièse* 5, ainsi altéré pour tendre vers la tonique et conduire au repos. Cette altération entraine celle de la note qui précède, pour qu'il n'y ait pas entre le 4 et le 5 un intervalle de plus d'un ton. Dans la gamme descendante, où le rôle de sensible est moins nécessaire, on supprime cette double altération. Aussi ne place-t-on pas à la clef (art. 121) les dièses qui y correspondent.

194 — Ce qui distingue essentiellement la *gamme mineure*, c'est que sa première tierce de 6 à 1 est *mineure* (art. 79), un ton et demi, tandis que la première tierce de la *gamme majeure* est *majeure*, de 1 à 3, deux tons.

Le mode mineur se reconnait à sa tonique, comme aussi à l'emploi de la note sensible 5 ; et, en général, à l'expression plaintive des airs écrits dans ce mode.

### Section II. L'accord parfait mineur.

195 — La *tonique*, la *tierce* et la *quinte*, dans la gamme mineure, font un accord qui est nommé, comme dans l'autre gamme, *accord parfait* (art. 81) ; accord parfait mineur. Il importe qu'on se rende familier cet accord.

6 1 3 6 6 3 1 6

196 — Les airs ci-après peuvent servir particulièrement à l'étude des intervalles compris dans cet accord.

### Ex. 106. **Sur les genoux de ta mère.**

Ton *la* mineur.—Mesure *bb*.—Limites 3 à 3.—Tierces 6 1 6, 7 5.
—Quartes 3 7 3.—Quintes 7 3, 6 3.

### Ex. 109, *e 1* (chiffres).

Ton *la* mineur.—Mesure *t*.—Limites 3 3.—Tierces 6 1 6, 2 7 2.—
Quartes 6 3 6.—Quintes 7 3, 6 3.—Octave 3 3.—Accidents 6 5 4 5 6.

### Ex. 111. **Sous double et rude écorce.**

Ton *la* mineur.—Mesure *bbb*.—Limites 3 3.—Tierces 7 5 3, 6 1 6.—
Quartes 3 6, 6 2.—Accidents 6 5 4 5 6, 7 5 6.

197 — Chantez, dans ce même ton de *la* mineur, les deux airs suivants: Ex. 107, *Vive la lutte;*—115, *Je suis modeste et soumise.*

Sᴇᴄᴛɪᴏɴ III. Passage du majeur au mineur, et réciproquement.

### § 1. Majeur et mineur relatifs.

**198** — *Majeur et mineur relatifs.* — Le ton d'*ut* majeur et le ton de *la* mineur s'écrivent, sur la portée, sans emploi de dièses à la clef. — Ce sont les deux tons naturels. On les nomme *relatifs* l'un de l'autre.

Le ton de *sol* majeur (art. 124) a pour relatif celui de *mi* mineur; c'est-à-dire que l'un et l'autre s'écrivent avec même armure de la clef, un dièse au *fa*.

Le ton de *mi* ♭ majeur (art. 136) a pour relatif *ut* mineur, et réciproquement.

**199** — *Déterminer le ton mineur.* — La règle donnée (art. 132 et 138) pour déterminer, d'après l'armure de la clef, en quel ton un morceau est écrit, demande à être complétée de cette sorte : Si le morceau est en *mode mineur* (*voy.* art. 194), on prendra pour tonique la *tierce mineure au-dessous* de la tonique du ton relatif majeur.

Par exemple, deux bémols à la clef: ton de *si* ♭ majeur (art. 135). Si le morceau est mineur, ce sera en *sol* mineur (de *si* ♭ à *sol* en descendant, un ton et demi: tierce mineure).

**200** — *Problèmes à résoudre.* — Résoudre d'après ces principes tous les problèmes particuliers compris dans les deux questions générales suivantes :

« Dans une armure donnée (tant de dièses, tant de bémols) quel est le *ton mineur* du morceau?

Savoir : pour *un* dièse, *deux* dièses, *trois* dièses? pour *un* bémol, *deux* bémols, *trois* bémols? »

**201** — « Combien faut-il à la clef de dièses ou de bémols pour le ton mineur?

Savoir : pour le ton de *la* mineur; — de *mi* mineur; — de *fa* dièse mineur; — de *sol* mineur; — de *ré* mineur; — d'*ut* mineur? »

**202** — *Passage d'un ton à son relatif.* — Il arrive quelquefois qu'on passe, dans un air d'un ton majeur, à son relatif mineur, — ou réciproquement. Cela ne cause aucun embarras, ni pour la notation, ni pour l'exécution, mais produit un contraste frappant dans la mélodie.

*Voyez* Ex. 77, *Fuis pour jamais, fuis le palais d'Octave.* Le mineur se trouve à la dernière reprise, et règne sur les quatre derniers vers: *Par les accords d'une lyre savante,* etc.

## § 2. Tons majeurs et mineurs de même nom.

**203** — *Leur définition.*—Les tons majeurs et mineurs de même nom *ont la même tonique :* voilà toute leur ressemblance. Ils n'ont point la même armure à la clef. *La* mineur s'écrit sans dièse ni bémol à la clef; *la* majeur s'écrit avec trois dièses à la clef (art. 191 et 128).

**204** — *Leur différence.*—Telle est, entre un ton mineur et un ton majeur de même nom, la différence d'armure de la clef. Le *ton majeur a trois dièses de plus que le mineur de même nom;— ou trois bémols de moins.*

*Voyez*, par exemple, Ex. 106 comparé à 83; *la* mineur et *la* majeur; — et Ex. 119, les tons *de la* majeur et *la* mineur successivement employés.

**205** — Pour l'application générale de la règle ci-dessus, il faut remarquer que le *retranchement d'un bémol* compte comme équivalent à l'addition d'un dièse; *l'addition d'un dièse* comme équivalent à la suppression d'un bémol.

*Voyez* Ex. 131, *Je le tiens, ce nid de fauvettes,*—en *ré* mineur, comparé à 102, *Pourquoi me fuir, passagère hirondelle ?*—en *ré* majeur.

*Voyez* aussi, Ex. 105, *Ah! ah! comment faire, hélas!*—en *sol* mineur, comparé à 103,—en *sol* majeur.

Et Ex. 103 (noté en chiffres et reproduit ci-après en notes), où le *sol* majeur et le *sol* mineur sont successivement employés.

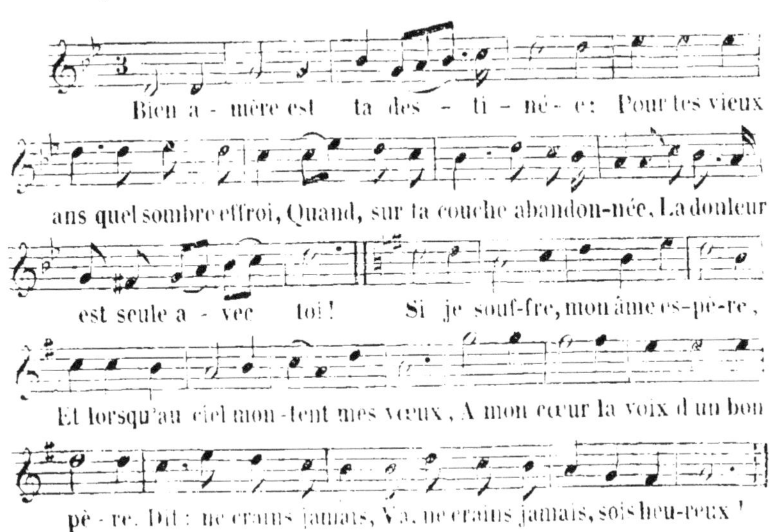

**206 — *Des modulations d'un mineur à un autre ou d'un mode à [un] autre.*** — De même qu'un air peut moduler accidentellement d'un *ton* majeur à un autre *ton* majeur (art. 155), il peut moduler d'un *ton* mineur à un ton mineur.

207 — Il peut moduler aussi en changeant de *mode*, soit du majeur au mineur *relatif*, ou réciproquement (art. 201), soit du majeur au mineur *de même nom*, ou réciproquement (art. 203).

Ainsi, l'Ex. 51, *Séjour de l'opulence*, appartient évidemment, par la finale du premier membre, et par tout le second membre de phrase, au *mode majeur* (ton *si* ♭ majeur); mais il commence par une modulation en *mode mineur* relatif (*sol* mineur).

Il en est de même de l'Ex. 117 qui, pour le dernier membre de phrase, est majeur (ton de *sol* majeur), mais pour les deux premiers serait mineur (*mi* mineur, relatif de *sol* majeur).

Ex. 104, *C'ti-là qui fait des volumes*, est désigné comme *mineur*; mais on saisirait, au milieu de l'air, quelques modulations en *majeur* relatif; ce qui est marqué par le repos sur la tonique majeure 1, et par un demi-repos sur la dominante majeure 5.

## CONCLUSION.

208 — Ici se termine la tâche du *Mélonome*. Il s'était promis d'être court.

Il n'a point tenu à enseigner minutieusement jusqu'au moindre détail: l'usage et les notions les plus vulgaires, partout répandues, viendront aisément en aide. Il n'a pu même aborder certains sujets d'une importance réelle. Tel serait le chant à plusieurs voix, ou harmonie, source de délices musicales du genre le plus relevé: le Mélonome, par ses nombreux exemples constamment cités dans nos monographes, en aura du moins donné quelque idée. Telles encore les règles de goût et d'expression qui doivent présider au chant, et sans l'observation desquelles il n'y a point de véritable musique: on en saura d'instinct quelque chose, et profitera de l'exemple et des conseils de toute personne qui a le sentiment de l'art.

Le Mélonome suppose donc un complément d'instruction à puiser au dehors de son cadre restreint; y pourvoir sera chose facile. Il peut charger sans crainte les livres et les hommes d'achever l'œuvre d'éducation musicale qu'il aura nettement ébauchée.

Ce qu'il avait à cœur de faire, c'était de bien poser les bases et tous les principes et de tracer aux élèves cette voie sûre, agréable, riante, dans laquelle une application continue leur fera recueillir de douces jouissances et de solides progrès.

La jeunesse studieuse, à qui il souhaite d'être utile, nous dira s'il a réussi.

FIN.

# TABLE ALPHABÉTIQUE

## DES MATIÈRES TRAITÉES DANS LE MÉLONOME.

FIN DE LA TABLE DES MATIÈRES.

# TABLE GÉNÉRALE.

# TABLE GÉNÉRALE

## DES CHANTS CONTENUS DANS LES 12 CAHIERS DU MÉLODÉON.

# A LA MÊME LIBRAIRIE.

**MÉLONOME ou Enseignement pratique et théorique du chant populaire**, à l'usage des écoles et des familles.

1re partie, EXERCICES, choix de 131 airs connus, avec paroles appropriées au jeune âge . . . . . . . . . . . . . . . . . . . . . . . . . . . . 1 fr.

2e partie, MÉTHODE, principes déduits des exercices ; 1 vol. gr. in-18, br. . 1 fr.

Les **2** parties réunies en **1** vol. in-18, br. 2 fr.—Par la poste, 2 fr. 30 c.

**MÉLODÉON. Recueil de chants populaires**, anciens et nouveaux, à une ou plusieurs voix, pour les écoles et les familles ; à l'usage des colléges, séminaires, maisons religieuses, pensionnats, écoles communales, etc., et servant de complément aux *Exercices du Mélonome.* Un beau volume in-12 de 300 pages de musique avec texte renfermant 153 morceaux, dont plusieurs avec accompagnement de piano ; broché. . . . . . . . . . . . . . . . . . . . . . 4 fr. 50 c.
Le même, en 12 cahiers brochés. . . . . . . . . . . . . . . 4 fr. 80 c.

Chaque cahier de 24 pages de musique avec texte, renfermant 12 à 15 chants et le catalogue détaillé des 153 morceaux, se vend, broché, 40 c.; cartonné, 50 c.

**LE CANTIQUE. Recueil mensuel d'airs, de cantiques et de motets** au saint Sacrement et à la sainte Vierge, par Léon G. Dalmières (organiste à Saint-Etienne). *Troisième année*, publiée par livraison de 4 pages gr. in-8, renfermant un ou plusieurs morceaux à plusieurs voix, avec accompagnement d'orgue. On souscrit pour 12 livraisons, qui paraissent de mois en mois, depuis mai 1852. Prix : pour Paris et les départements, 6 fr.—Pour les souscripteurs aux 1res années, 5 fr.

*En vente :*

La première année, renfermant 47 morceaux à plusieurs voix : Cantiques, Noëls, O salutaris, Tantum ergo, Mois de Marie, Grandes fêtes, Pendant la messe, etc.; en 13 livraisons grand in-8. . . . . . . . . . . . . . . . . . . . . . . 3 fr. 50 c.

La deuxième année, renfermant différents morceaux à plusieurs voix : Une messe en *ut* majeur, d'une exécution facile, pour 2 sopranos et basse : Office du soir, Stabat Mater, Bénédiction, Chants de Noël, etc.; en 12 livraisons grand in-8. 3 fr. 50 c.

Les marques nombreuses (voir le prospectus de la 3e année) de satisfaction et d'encouragement que M. L.-G. Dalmières a reçues des Curés, Directeurs de séminaires, Organistes, Dames supérieures, qui ont fait exécuter les morceaux du Cantique, témoignent des qualités particulières de la musique de l'auteur. Harmonie, charme, douceur, caractère religieux, et surtout simplicité et facilité : tels sont les avantages signalés qui font rechercher et aimer le Cantique. La troisième année se distingue par une amélioration importante. Un accompagnement d'orgue, simple et facile, enrichit chaque morceau : une introduction qui donne le ton et rend l'attaque plus facile, répétée avant chaque strophe, permettra aux voix de se reposer, et rendra l'exécution meilleure et plus soutenue.

**RONDES et CHANSONNETTES**, extraites du *Journal des Mères et des Enfants*, pouvant servir de complément aux *Exercices du Mélonome.* Paroles et musique appropriées au jeune âge, avec accompagnement de piano pour les petites mains.

*En vente :*

AH ! MON BEAU JARDIN ! Ronde enfantine avec jeu, parole de M. Émile Deschamps ; air : *Ah ! mon beau château,* arrangé par M. Frelon. . . . . . . 20 c.

LES PETITS OUVRIERS. Ronde, paroles de Mme Marie Carpentier ; air : *le Postillon de Longjumeau,* arrangé par M. J. Dessirier. . . . . . . . . . . . 20 c.

LA MOISSON. Ronde enfantine, paroles de M. Frontin ; air : *Ton ton, ton taine, ton ton,* arrangé par M. Frelon. 20 c.

J'AIMERAI QUI M'AIME. Ronde enfantine, paroles de Mme Marie Carpen-

tier-Pape, air populaire arrangé par M. Besozzi. . . . . . . . . . . . 20 c.

LE DEVIN ET LA BONNE AVENTURE. Ronde dialoguée avec jeu, paroles de Mme A. Arnaud ; air : *je suis la Meunière du moulin à vent,* noté par Mme H. Wild. . . . . . . . . . . 40 c.

LES BÊTISES QUE DIT NICOLAS. Chansonnette, paroles de M. Fortuné Henry : air : *J'ai du bon tabac.* . . . . . 20 c.

POURVU QUE L'ON TRAVAILLE. Chansonnette, paroles de M. L. Fortoul : musique de M. Al. de Bureau. . . 20 c.

Impr. Moquet, 92, rue de la Harpe, Paris.